Brigitte vom Wege, Mechthild Wessel

Spielen im Beruf Extra

Kreative Kinderspiele

Stam 8829.

www.stam.de

Stam Verlag
Fuggerstraße 7 · 51149 Köln

ISBN 3-8237-**8829**-9

Inhalt

SpielAktiv

SpielKreativ

Bildquellenverzeichnis

Einführung

Intention

Spielen als eine charakteristische Tätigkeit der Kinder repräsentiert sich in Kindertageseinrichtungen wie auch in betreuten Freizeiteinrichtungen als typische sozialpädagogische Handlungsweise. Das Spielen der Kinder durch adäquate Spielbedingungen zu unterstützen ist eine Hauptaufgabe sozialpädagogischer Mitarbeiterinnen. Dazu gehören auch die Entwicklung eigener Spielfähigkeiten, Kenntnisse über Spieltheorien, die kindliche Spielentwicklung, Spielformen und Spielmaterial sowie spielpädagogische Fertigkeiten. Sowohl spontane Spielimpulse als auch bereits ausgearbeitete Spielaktionen eignen sich, um spielpädagogische Handlungskompetenzen zu erweitern und Spielprozesse in sozialpädagogischen Arbeitsfeldern zu initiieren. Absicht dieses Buches ist es, zur Entfaltung dieser Handlungskompetenzen beizutragen.

Spielen im Beruf Extra enthält vielfältige Anregungen für die Spielbedürfnisse und Spieltätigkeiten in den jeweiligen Altersstufen. Ausgangspunkt für die Auswahl der Spielangebote ist das Buch *Spielen im Beruf*. Eine konsequente Verbindung zwischen beiden Büchern wird durch ein Symbol (nebenstehend) hergestellt, das die schnelle Auffindung der entsprechenden Spiele erleichtert.

Konzeption

Spielen im Beruf Extra liefert eine Zusammenfassung spielpädagogischer Schwerpunkte sowie eine erprobte Auswahl an Spielvorschlägen. Mit den fachdidaktischen und methodischen Anwendungshinweisen sollte jedoch flexibel verfahren werden. Oft sind Veränderungen der Spielregeln oder des Spielverlaufs während der praktischen Durchführung angebracht, um den Spielbedingungen oder Spielgruppenprozessen gerecht zu werden.

Die Systematik der beiden Kapitel *SpielAktiv* und *SpielKreativ* wiederholt sich. Überschriften und Spieltitel sind dabei in alphabetischer Reihenfolge geordnet, überlieferte Spieltitel sowie überlieferte Spielideen wurden aktualisiert.

SpielAktiv

Zunächst wird im Kapitel *SpielAktiv* die Spielform in einer Kurzfassung skizziert. Im weiteren Verlauf werden spielpädagogische Förderbereiche, Spieleinsatzmöglichkeiten sowie methodische Hinweise zur Durchführung stichwortartig aufgezeigt. Die anschließenden konkreten Spieltitel und Spielvorschläge sind prinzipiell als Spielimpulse zu sehen und durchaus variabel zu handhaben. Alters- und Zeitangaben sind relativ und von der jeweiligen Spielsituation abhängig.

SpielKreativ

Im Kapitel *SpielKreativ* werden ausgewählte Beispiele und ausführliche Anleitungen für die Anfertigung von einfachem Spielzeug aufgeführt. Darüber hinaus erläutern Skizzen, Reime sowie einige historische Anmerkungen zur Herkunft des Spielzeugs die Ausführungen.

In der sozialpädagogischen und in der spielpädagogischen Praxis sind die Vorstellung von dem, was geschaffen werden soll, und das Handeln auf dem Weg zur Verwirklichung dieser Vorstellung viel entscheidender als das tatsächliche Endprodukt. In diesem Sinne verzichten wir ganz bewusst auf den Begriff „Basteln", da mit ihm freizeitbezogene, handwerkliche Beschäftigungen verbunden werden, um je nach Jahreszeit und Modetrend dekorative Accessoires herzustellen.

Internet

Spielaktionen jeglicher Art sollten immer mit einem Feed-back, einer Reflexion und einem Erfahrungsaustausch abschließen. In diesem Rahmen haben Sie auch die Möglichkeit kritische oder konstruktive Anmerkungen, positive und negative Erfahrungen aber auch neue Spielideen zu diesem Spielbuch dem Stam Verlag unter der Adresse info@stam.de Betreff/Subjekt: Spielen Extra mitzuteilen.

SpielAktiv

1 Abenteuer-/Actionspiele

... basieren auf der theoretischen Grundlage der Erlebnispädagogik des Reformpädagogen Kurt Hahn (1886–1974), wonach jeder Mensch das Bedürfnis nach Abenteuern und Erlebnissen hat. Abenteuerspiele sollen Sinneswahrnehmungen vermitteln, die dem Teilnehmer das Gefühl geben, etwas Besonderes erlebt zu haben. Abenteuerspiele sind bewegungsintensiv und spannend. Sie fordern körperliche und psychische Einsatzbereitschaft, stellen aber die Sicherheit, das Vertrauen und die Freiwilligkeit an erste Stelle. Abenteuerspiele sind Interaktionsspiele mit einer hohen Erlebnisdichte, bei denen kommunikative als auch aggressive Bedürfnisse ausgelebt werden können. Abenteuerspiele können in allen Altersstufen eingesetzt werden. Als besonders erfolgreich haben sich Abenteuerspiele bei sozial auffälligen Kindern gezeigt.

→ **Spielförderung**

- sinnliche Wahrnehmung
- Kommunikation
- Kooperation
- Teamfähigkeit
- lebenspraktische Fähigkeiten und Fertigkeiten
- Bewegungsfreude
- Spontaneität

- Einsatzbereitschaft
- Risikobereitschaft
- Selbsteinschätzung und Selbstvertrauen in die eigenen Fähigkeiten
- Selbstwertgefühl
- Vertrauen
- Selbstständigkeit
- positives (Natur-) Erleben

→ **Spieleinsatz**

- Spielfeste
- Zeltlager
- abenteuerliche Spielaktion
- Element einer Bewegungsstunde
- drinnen: großer Bewegungsraum, Sporthalle, Hallenbad
- draußen: in der Natur, auf der Straße, auf dem Friedhof, im Park, im Freibad

→ Spielmethode

– Anzahl, Alter, physische und psychische Voraussetzungen der Spielteilnehmer berücksichtigen.
– Stets die Sicherheit der Spielteilnehmer beachten.
– Die Spielleiterinnen sollten möglichst selbst mitmachen.
– Spielatmosphäre und Spielbereitschaft beachten.
– Niemand in eine Situation drängen oder zu einer nicht gewollten Aktion überreden.
– Behutsam an neue Situationen und Gefahren heranführen.
– Daran denken, dass der Weg zu einem Abenteuerspiel bereits das Ziel sein kann.
– Kooperative Situationen fördern und unterstützen.
– Änderungsvorschläge der Mitspieler akzeptieren und evtl. umsetzen.
– Erlebte Situationen nach dem Spiel mit den Teilnehmern besprechen.

Auf der Lauer, auf der Mauer

Mitspieler:	*bis 20*
Alter:	*ab 6 Jahren*
Ort:	*Bewegungsraum, Sporthalle*
Spielzeit:	*beliebig*
Material:	*2 Weichbodenmatten*

Spielverlauf: Der mächtige Zauberer Magic Dark hält in seiner Burg den Prinzen gefangen. Um ihn zu befreien, muss die Nordmauer der Burg überwunden werden, die von den Untertanen des Zauberers bewacht wird.
Eine quergelegte Weichbodenmatte bildet die Nordmauer. Ca. 15 Spielteilnehmer sind die Wächter, die mit ihren Rücken die Nordmauer abstützen. Vor den Wächtern liegt die zweite Weichbodenmatte. Auf der Rückseite der Nordmauer versuchen ca. 5 Befreier diese zu überwinden. Danach werden die Rollen getauscht, denn jeder Spielteilnehmer sollte es einmal über die Nordmauer geschafft haben.

Bootsbauer

Mitspieler:	*max. 20 (Paarbildung)*
Alter:	*ab 8 Jahren, nur für Schwimmer/innen*
Ort:	*Hallen- oder Freibad*
Spielzeit:	*ca. 2–3 Stunden*
Material:	*größere Mengen feste Kartons, Plastikklebeband, Tacker, Schnur*

Spielverlauf: In einer festgelegten Zeit bauen alle Teilnehmer in Partnerarbeit ein Boot aus den o.g. Materialien. Danach muss einer der beiden Bootsbauer

das Schwimmbecken in seinem Boot durchqueren und der zweite Bootsbauer kehrt mit dem Boot an den Ausgangspunkt zurück. Anschließend wird
das stabilste, schwimmfähigste, witzigste oder schönste Boot prämiert.

*Hinweis: Stapellauf, Schiffstaufe sowie die Passage durch das Schwimmbecken können
mit einer Videokamera gefilmt werden.*

Brücke über den Canyon

Mitspieler: *20 = 2 Gruppen*
Alter: *ab 7 Jahren, nur für Schwimmer/innen*
Ort: *Hallen- oder Freibad*
Spielzeit: *ca. 20 Minuten*
Material: *für jeden Teilnehmer eine Luftmatratze*

Spielverlauf: Es werden 2 Teams gebildet, deren Teilnehmer hintereinander
jeder mit seiner Luftmatratze am Beckenrand stehen. Auf ein Startzeichen
legen die beiden ersten Spielerinnen der jeweiligen Mannschaft ihre Luftmatratzen quer zum Beckenrand auf das Wasser und setzen sich darauf. Die
nachfolgenden Spieler/innen legen ihre Matratzen ebenfalls auf das Wasser.
Durch die so entstehende „Brücke" kann die Mannschaft den Canyon pro-
blemlos überqueren. Welche Mannschaft schafft es am schnellsten?

Luftmatratzendampfer

Mitspieler: *20 = 5 Gruppen*
Alter: *ab 7 Jahren, nur für Schwimmer/innen*
Ort: *Hallen- oder Freibad*
Spielzeit: *ca. 10 Minuten*
Material: *5 Luftmatratzen (für 4 Spieler), 20 Paar Schwimmflossen*

Spielverlauf: Jedes Spielteam erhält eine Luftmatratze. An einem Ende des
Beckens liegen die Matten in einer Reihe nebeneinander. Die Spieler/innen
legen ihre Oberkörper auf die Mitte und halten sich mit den Händen an der
Längsseite der Matratze fest. Knie und Füße mit den Schwimmflossen sind im
Wasser. Auf ein Kommando strampeln alle so schnell wie möglich, um auf mit
der Luftmatratzedie gegenüberliegende Seite des Beckens zu kommen.

Luftsprünge

Mitspieler: *bis 20*
Alter: *ab 6 Jahren*
Ort: *Bewegungsraum, Sporthalle*
Spielzeit: *beliebig*
Material: *Sprossenwand, Weichbodenmatte, Turnmatte, Augenbinde*

Spielverlauf: Euer Flugzeug hat einen Motorschaden. Ihr könnt euch nur durch einen Fallschirmsprung retten. Der erste mutige Springer bekommt die Augen verbunden und klettert die Sprossenwand hinauf, so weit er es möchte. In beliebiger Höhe dreht er sich um und lässt sich auf die Weichbodenmatte fallen.

Hinweis: Vor dem unteren Bereich der Sprossenwand wird vorher eine Turnmatte gelegt, um beim möglichen Zurückfallen der Verletzungsgefahr vorzubeugen.

Perlentaucher

Mitspieler:	*nicht mehr als 30 = 2 Gruppen*
Alter:	*ab 7 Jahren, nur für Schwimmer/innen*
Ort:	*Hallen- oder Freibad*
Spielzeit:	*ca. 20 Minuten*
Material:	*ein kleiner Ball aus Hartgummi, der nicht schwimmt, für jeden Perlentaucher eine Taucherbrille*

Spielverlauf: Es werden 2 Teams gebildet, die sich an den Rändern des Schwimmbeckens gegenübersitzen oder gegenüberstehen. Den sich jeweils gegenübersitzenden Spieler/innen werden identische Nummern zugewiesen. Der Ball wird ins Wasser geworfen, die Spielleiterin ruft eine Zahl auf und aus beiden Teams springen zwei Spieler/innen ins Wasser, um nach der „Perle" zu tauchen.

Walfischfang

Mitspieler:	*bis 25*
Alter:	*ab 8 Jahren*
Ort:	*Bewegungsraum, Sporthalle*
Spielzeit:	*beliebig*
Material:	*großer Kasten, Weichbodenmatte, evtl. Augenbinde*

Spielverlauf: Der Walfisch steht mit gestrecktem und angespanntem Körper auf dem Kasten. Die Walfischfänger stehen sich auf der Weichbodenmatte gegenüber, nehmen eine Schrittstellung ein und verschränken die Arme nach dem Reißverschlussprinzip. Der Walfisch lässt sich in die Arme der Walfischfänger fallen (auch mit verbundenen Augen oder rückwärts möglich), die ihn federnd auffangen.

Hinweis: Erst mit dem Sprung beginnen, wenn alle bereit sind.

2 Darstellungsspiele

... sind alle Spielformen, bei denen sich die Spieler mit ihrem Körper und/oder ihrer Sprache ausdrücken und Ereignisse, Gefühle oder symbolische Bedeutungen Zuschauern mitteilen. Darstellende Spiele werden von „außen" angeregt (Geschichte, Märchen, Film, Zeitungsmeldung, Erlebnis o. Ä.) und von einem Spielleiter begleitet. Die Spielhandlungen werden spontan-situativ oder geplant inszeniert, wobei je nach Situation und Spielsequenz Requisiten, Masken, Verkleidung oder Figuren nützlich sind.

→ **Spielförderung**
- Rollenübernahme und Ausgestaltung
- Rollenmuster erkennen
- Ausdrucksformen
- Mimik, Gestik, Körpersprache

- Stimmausdruck, Stimmbildung
- Sprech- und Redefreude
- Meinungsäußerung/Denkprozesse

→ **Spieleinsatz**
- aktuelle Anlässe
- Situationsbezug
- Freizeitgestaltung

- (Fest-)Programmgestaltung
- Kommentierung von Geschehnissen/Missständen

→ **Spielmethode**
- Auswahl der Rollenspielvorlage/des Themas
- Bestimmung der Szene, der Handlungsfolge
- verschiedene Spielversuche/gemeinsame Rollenverteilung
- Zusammenstellung, Beschaffung und Herstellung der Spielfiguren/Kostüme, Requisiten/Geräusche
- Spielproben (Wirkung von Sprache und Ausdruck)
- Ausstattung des Spielraums/der Bühne (Geräte zur Beleuchtung, Akustik)
- bei Aufführungen mit Zuschauern: Einladungen, Ankündigungen verfassen
- Ergebnisse: Reflektieren und Auswerten

Aschenputtel

Mitspieler:	*mindestens 6–8 (Aschenputtel, Mutter, Prinz, Baum, 2–4 Tauben)*
Alter:	*ab 5 Jahren*
Ort:	*Raum, ruhige Spielecke im Freien*

Spielzeit:	ca. 5–10 Minuten
Material:	1 Paar mit Goldfolie verzierte Damenschuhe, 2 Tülldecken, 1 Prinzenkrone (Stirnreifen aus Wellpappe mit Wäscheklammern als Kronenzacken), 2 Teller, auf einem sind Murmeln als Erbsen

Spielverlauf: Die Spielgruppe sitzt im Kreis und alle singen das Lied. Nach der Rollenverteilung sitzt die Mutter an der Kreisinnenseite und schmückt sich mit einer Tülldecke, der Baum steht an der Kreisaußenseite und trägt über ausgestreckten Armen eine Tülldecke, die Tauben sitzen außerhalb des Kreises und kommen nach Aufruf mit „Rukke-digu" in den Kreis geflogen. An den entsprechenden Stellen singen Aschenputtel, Mutter und Prinz den Text alleine. Zum Schluss bilden alle die Hochzeitsgesellschaft, klatschen und tanzen zusammen.

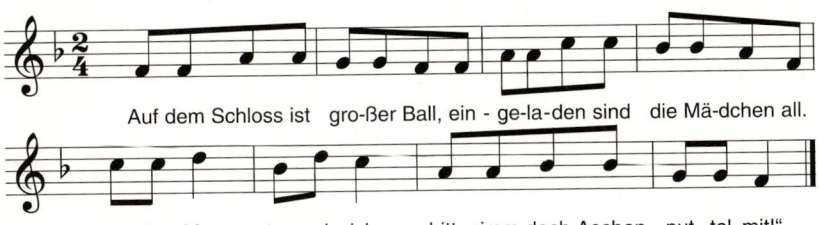

Auf dem Schloss ist gro-ßer Ball, ein - ge-la-den sind die Mä-dchen all.

„Lie - be Mut - ter, ach, ich bitt, nimm doch Aschen - put - tel mit!"

(Melodie: Ringlein, Ringlein, du musst wandern)

1) Auf dem Schloss ist großer Ball,
eingeladen sind die Mädchen all.
„Liebe Mutter, ach, ich bitt,
nimm doch Aschenputtel mit!"

2) „Aschenputtel, nein, du bleibst zu Haus!
Diese Schüssel Erbsen suchst du aus!"
„Kommt, ihr Täubchen kommt zu mir herein,
kommt und helft mir fleißig sein."

(Alle: gesprochen)
Die guten ins Töpfchen,
die schlechten ins Kröpfchen.

3) „Ihr lieben Täubchen, helft mir alle fein,
meine liebe Mutter, die Erbsen sind schon rein."
„Aschenputtel, nein, zu Haus bleibst du,
hast ja keine Kleider, hast ja keine Schuh!"

4) „Liebes Bäumchen, rüttel, schüttel dich,
wirf ein Kleidchen über mich."
Ei, das kleine Bäumchen dauerte das Kind,
ein neues Kleid brachte ihm der Wind.

5) Aschenputtel ging zum Königsball,
war die Allerschönste von den Mädchen all,
tanzte mit dem Prinzen, immer, immerzu,
und verlor dabei ihren goldenen Schuh.

6) Und es rief der Prinz ganz laut:
„Wem der Schuh gehört, die ist meine Braut!"
Allen Mädchen ist der Schuh zu klein. –
Aschenputtel passt er ganz allein.

7) Auf dem Schloss ist große Freud,
denn wir feiern Hochzeit heut.
Alle Täubchen fliegen hinterdrein:
„Aschenputtel soll unsere Königin sein!"

Melodie: *Ringlein, Ringlein, du musst wandern*, in: Preetorius, J Knaurs Spielbuch, Droemersche Verlagsanstalt, München 1953.
Text: Losch, G.: *Kinderspiele*, Voggenreiter, Bad Godesberg 1953.

Gespensterballett

Mitspieler:	*1 oder mehrere Spielpaare*
Alter:	*ab 5 Jahren*
Ort:	*Türrahmen oder eine freie Fläche*
Spielzeit:	*beliebig*
Material:	*Pro Spielpaar: 6 (pflaumengroße) Wattekugeln, mindestens 18 dünne „japanische" Papierservietten, Gummiband (2 x 180 cm), Nähnadel, Nähgarn, Schere, Kassettenrecorder, „Ballettmusik" oder andere Tanzmusik*

Spielverlauf: Jedes Spielpaar stellt zunächst seine 6 Gespenster her:
Für den Kopf eine Serviette vierfach falten, um eine Wattekugel legen und sie direkt unter der Kugel mit einem Faden festbinden. 2 weitere Servietten auseinander nehmen, diagonal übereinander legen, um den Kopf stülpen und ebenfalls mit einem Faden unter dem Kugelkopf festbinden und die Fadenenden (ca. 7 cm lang) durch die Mitte des Kopfes ziehen. Auf die gleiche Weise alle 6 Serviettengespenster herstellen. Anschließend an den Gummibändern jeweils 3 Gespenster mit den Fadenenden befestigen (ca. 25 cm Abstand), beide Gummibänder verknoten.
Als Bühne dient der Türrahmen oder eine andere beliebige Spielfläche. Die Gespensterpuppenkette kann wippen, hüpfen, maschieren, schwingen u. a. m.
Zu dem ausgewählten Musikstück kann nun das Gespensterballett eingeübt und vorgeführt werden.

Maskenspiel

Mitspieler:	*2–6*
Alter:	*ab 5 Jahren*
Ort:	*ruhiger Raum*
Spielzeit:	*ca. 30 Minuten*
Material:	*Masken (s. S. 87 ff.), 1 Spiegel, diverse Requisiten (Stoffe, Hüte, Handschuhe u. v. m.)*

Spielverlauf: (Die Masken werden zu einem früheren Zeitpunkt von den Spielteilnehmern hergestellt. Vgl. Kap. „Maske" in SpielKreativ) Jeder Mitspieler gibt seiner Maske eine Identität (Name, Herkunft, Alter, Charakter, Vorlieben u. a.) und stellt sie im Kreisgespräch vor. Anschließend setzen die Mitspieler die Maske auf, verkleiden sich mit passenden Requisiten und experimentieren mit Bewegungen und Stimme. Zum Abschluss spielt jeder eine kurze Sequenz vor.
Variation: Zu den Maskenfiguren wird eine Spielhandlung entwickelt.

Puppenspiel „Die drei Räuber"

Mitspieler:	4–6
Spielleiterin:	1 (übernimmt ggf. die Erzählerrolle)
Alter:	ab 6 Jahren
Ort:	ruhiger Raum
Spielzeit:	Zeit für Spielproben nach Ausdauer/Intensität; Aufführung ca. 15 Minuten
Material:	verschiedene Hand- oder Stabpuppen (vgl. Kap. „Stabpuppe" in SpielKreativ) und eine Spielbühne (z. B. Betttuch im Türrahmen)

Spielverlauf: Die Mitspieler einigen sich auf einen eigenen Handlungsablauf, bestimmen den Höhepunkt und die Akteure der Geschichte und erfinden Dialoge. Sie statten geeignete Hand- oder Stabpuppen mit charakteristischen Requisiten aus und probieren typische Darstellungen der einzelnen Rollen und entscheiden gemeinsam über die passende Rollenbesetzung. Anschließend wird die Spielhandlung in Szenen eingeteilt und einige Male geprobt. Bei Bedarf werden Kulissen gemalt, Beleuchtung, Geräusche oder Musikstücke ausgesucht. Wenn die Spieler sicher sind, werden ggf. Zuschauer eingeladen oder das Puppenspiel wird mit der Videokamera aufgenommen.

Die drei Räuber *

Es waren einmal drei grimmige Räuber mit weiten schwarzen Mänteln und hohen schwarzen Hüten.

1. Räuber: *Ich habe eine Donnerbüchse.*
2. Räuber: *Ich habe einen Blasebalg mit Pfeffer.*
3. Räuber: *Ich habe ein riesiges rotes Beil.*

In der Nacht, wenn es dunkel war, lagen sie am Wegrand auf der Lauer. Es waren schreckliche Kerle. Wenn sie auftauchten, fielen die Frauen um vor Angst, die Hunde zogen den Schwanz ein, und selbst die mutigsten Männer ergriffen die Flucht.

1. Räuber: *Ich drohe mit der Donnerbüchse.*
2. Räuber: *Ich blase den Pferden Pfeffer in die Nase, dann bleibt die Kutsche stehen.*
3. Räuber: *Ich zertrümmere die Wagenräder.*
1. Räuber: *Dann rauben wir die Reisenden aus. Unser Versteck ist in den Bergen.*
2. Räuber: *Dorthin schleppen wir unsere Beute.*
3. Räuber: *Wir haben Kisten und Truhen voll Gold, Perlen, Ringe, Uhren und Edelsteinen.*

---

* Nach dem Bilderbuch von Ungerer, Tomi: Die drei Räuber, Diogenes, Zürich 1963.

Da geschah es einmal, dass sie in einer tiefschwarzen Nacht eine Kutsche überfielen, in der nur ein einziger Reisender saß. Und das war ein trauriges Mädchen.

1. Räuber: *Wer bis du?*
2. Räuber: *Wo willst du hin?*
3. Räuber: *Wo ist das Gold?*
Tiffany: *Ich heiße Tiffany. Meine Eltern sind gestorben und nun soll ich bei meiner alten Tante wohnen. Ich will aber gar nicht. Gold habe ich keins.*
1. Räuber: *Dann musst du eben mit uns kommen.*
2. Räuber: *Wir wickeln sie in eine Decke!*
3. Räuber: *Und tragen dich in unsere Räuberhöhle!*
Tiffany: *Au fein, dann muss ich nicht zur Tante!*

In der Räuberhöhle machten sie ihr ein weiches Bett, in dem sie schlafen konnte.

Tiffany: *Guten Morgen, ihr Langschläfer! Was sind das für Kisten und Schatztruhen? Was machst ihr eigentlich mit all dem Gold, den Perlen, Ringen, Uhren und Edelsteinen?*
1. Räuber: *Äh?*
2. Räuber: *Och?*
3. Räuber: *Keine Ahnung.*
Tiffany: *Was, ihr wisst es nicht? Also ich hätte da schon ein paar Ideen. Ich flüstere sie euch ins Ohr.*

Den Räubern gefiel Tiffany so gut, dass sie auf die Suche nach anderen unglücklichen und verlassenen Kindern gingen, um für sie zu sorgen.

1. Räuber: *Die Höhle wird zu klein. Wir brauchen mehr Platz und kaufen ein großes Schloss.*
2. Räuber: *Die Kinder brauchen neue Kleider, wir kaufen rote Mäntel und Hüte!*
3. Räuber: *Schaut mal, heute hat wieder jemand ein kleines Kind vor die Schlosstüre gelegt.*
Tiffany: *Vielleicht müssen wir schon bald eine kleine Stadt bauen, in der für jeden Platz ist. Alle tragen dort rote Hüte und rote Mäntel. Und vor die Stadt bauen wir drei große Türme, für jeden Räuber einen.*

Theater der Gefühle

Mitspieler: 8
Alter: *ab 4 Jahren*
Ort: *ruhiger Raum*
Spielzeit: *ca. 15 Minuten*
Material: *evtl. Fingerfarben*

Spielverlauf: Die Mitspieler bilden 4 Gruppen. Jede Gruppe wählt Gefühle, die sie pantomimisch darstellt. Die Zuschauer raten. Mögliche Spielanweisungen:

– *Was mache ich, wenn ich fröhlich/traurig/wütend/beleidigt/müde/etc. bin?*
– *Wie streiten/vertragen sich Gefühle?*
– *Kann man Gefühle hören?*
– *Welche Farben haben Gefühle?*
– *Was passiert, wenn zwei Gefühle sich an der Ampel treffen?*

3 Disco- und Tanzspiele

... sind Bewegungs- und Gruppenspiele, deren Spielregeln vorwiegend von der Musik beeinflusst werden. Sie bieten Abwechslung und Qualität für die mitunter einförmig verlaufende Discoveranstaltung. Besonders unerfahrene, jüngere Discobesucher beteiligen sich gerne an Disco- und Tanzspielen, da traditionelle Gesellschaftstänze noch nicht beherrscht werden und Hemmungen bzw. Desinteresse die Kontaktaufnahme behindern. Der Spaß an der freien Bewegung nach Musik, am schnellen Partnerwechsel und der  Freude am Spiel stehen bei jüngeren Discoteilnehmern im Vordergrund. Durch den Einsatz von Disco- und Tanzspielen ist die Discoveranstaltung nicht nur als Musik-Konsum-Angebot zu verstehen, sondern als kommunikatives Freizeitangebot, in das die Teilnehmer mit ihren Ideen aktiv einbezogen werden.

→ **Spielförderung**
– Freude an der Musik
– Kommunikation
– Kontaktaufnahme
– Körperkontakt
– Improvisation und freie Bewegungsgestaltung

– Rhythmusgefühl
– Reaktionsschnelligkeit
– Geschicklichkeit

→ **Spieleinsatz**
– Feste und Feiern
– Discoveranstaltung

– meist in größeren Räumen

→ **Spielmethode**
- Alter der Disco-Teilnehmer und Disco-Atmosphäre berücksichtigen
- geplanter Spielverlauf durch eine Spielleiterin
- frühzeitige Ankündigung eines Spiels in einer Musik-Pause
- die Spieldauer sollte ca. die Länge eines Musikstücks betragen, kann aber auch beliebig wiederholt werden

Besen-Tanz

Mitspieler:	*beliebig (ungerade Teilnehmerzahl)*
Alter:	*ab 8 Jahren*
Ort:	*großer Raum*
Spielzeit:	*beliebig*
Material:	*ein Besen, temporeiche Musik*

Spielverlauf: Alle Teilnehmer bewegen sich zur Musik. Stoppt die Musik, sucht sich jeder einen Partner. Der Teilnehmer ohne Partner tanzt mit dem Besen und macht dabei eigene Tanzbewegungen vor, die alle nachmachen, z. B. in die Hocke gehen, sich drehen usw. Lässt er während des Tanzens den Besen fallen, suchen sich alle einen neuen Tanzpartner.

Herzblatt

Mitspieler:	*ca. 10–20 (gerade Teilnehmerzahl)*
Alter:	*ab 10 Jahren*
Ort:	*großer Raum*
Spielzeit:	*beliebig*
Material:	*20 Herzen aus Tonpapier in zwei Teile geteilt, wobei der Trennungsschnitt jeweils anders gelegt wird, Musik*

Spielverlauf: Besonders geeignet zur Partnerwahl. Während die Musik spielt, verteilt die Spielleiterin auf der Tanzfläche Herzhälften an die Teilnehmer. Stoppt die Musik, müssen alle ihre passende Herzhälfte finden. Haben sich alle Paare gefunden, spielt die Musik zu einem gemeinsamen Tanz.

Insel-Tanz

Mitspieler:	*beliebig (gerade Teilnehmerzahl)*
Alter:	*ab 8 Jahren*
Ort:	*großer Raum*
Spielzeit:	*beliebig*
Material:	*für jedes Paar ein Zeitungsblatt oder ein Stuhl (Bierdeckel/Luftballon) temporeiche Musik*

Spielverlauf: Die Teilnehmer bewegen sich in Paaren zur Musik. Stoppt die Musik, wird jeweils die Zeitungsfläche verkleinert. Beim Tanz auf dem Stuhl können das Balancieren eines Luftballons oder eines Bierdeckels auf den Köpfen sowie schnellere Rhythmen den Schwierigkeitsgrad steigern.

Limbo

Mitspieler:	*beliebig*
Alter:	*ab 8 Jahren*
Ort:	*großer Raum*
Spielzeit:	*beliebig*
Material:	*zwei Trittleitern, eine leichte Rundholzstange (Länge: ca. 2 m), temporeiche Musik*

Spielverlauf: Die Rundholzstange wird in einer Höhe von ca. 1,20 m zwischen 2 Trittleitern gelegt. Die Teilnehmer bewegen sich einzeln oder als Paar zur Musik, indem sie in Tanzhaltung (Knie gebeugt, Oberkörper in Richtung Stange) unter der Stange hertanzen. Nach jeder Tanzrunde wird die Stange tiefer gelegt.

Luftballon-Tanz

Mitspieler:	*beliebig (gerade Teilnehmerzahl)*
Alter:	*ab 8 Jahren*
Ort:	*großer Raum*
Spielzeit:	*die Dauer eines Musikstücks*
Material:	*Luftballons, Äpfel oder Bierdeckel, temporeiche Musik*

Spielverlauf: Die Teilnehmer tanzen für die Dauer eines Musikstücks mit einem aufgeblasenen Luftballon zwischen sich, ohne ihn mit den Händen festzuhalten. Ebenso kann auch ein Apfel oder ein Bierdeckel mit den Köpfen während des Tanzens gehalten werden.

Pattex-Tanz

Mitspieler:	*beliebig (gerade Teilnehmerzahl)*
Alter:	*ab 8 Jahren*
Ort:	*großer Raum*
Spielzeit:	*beliebig*
Material:	*temporeiche Musik*

Spielverlauf: Die Teilnehmer bewegen sich in Paaren zur Musik. Stoppt die Musik, ruft die Spielleiterin oder ein Mitspieler: „Pattex an der Schulter!" Daraufhin tanzt das Paar Schulter an Schulter weiter zur Musik. Beim nächsten Musikstopp wechseln die Partner und ein neues Körperteil wird genannt.

Spiegeltanz

Mitspieler:	beliebig (gerade Teilnehmerzahl)
Alter:	ab 8 Jahren
Ort:	großer Raum
Spielzeit:	die Dauer eines Musikstücks
Material:	ruhige Musik

Spielverlauf: Die Teilnehmer stehen sich auf der Tanzfläche zu zweit gegenüber. Zu einer ruhigen Musik führen sie spiegelbildliche Bewegungen aus, wobei die Spielführung wechselt. Dieses Spiel kann zu ausgleichender Ruhe führen.

Spot an – Musik go

Mitspieler:	beliebig
Alter:	ab 8 Jahren
Ort:	großer Raum
Spielzeit:	beliebig
Material:	temporeiche Musik

Spielverlauf: Besonders geeignet als Auflockerung zu Beginn einer Discoveranstaltung. Alle Teilnehmer bewegen sich zur Musik. Stoppt die Musik, gibt die Spielleiterin verschiedene Spots ein, z. B.
– jeder begrüßt jeden mit Handschlag,
– jeder sucht sich einen Partner und tanzt mit ihm Rücken an Rücken,
– alle tanzen nach der Musik wie Roboter oder Schlangenmenschen,
– durch Zuruf einer Zahl zwischen 2 und 10 Gruppen bilden, in der Formation von Würfelaugen, geometrischen Formen (Quadrat/Dreieck/Kreis) oder eines Sterns.

4 Erzähl- und Sprechspiele

… sind Kommunikationsspiele und eine reizvolle Methode um auf ungezwungene, unbefangene Art mit anderen in verbalen Kontakt zu treten. Kinder und Jugendliche erzählen gerne ihre erlebten oder erfundenen Geschichten. Sie erzählen sie meistens sehr ausdrucksstark und dynamisch-gestenreich, sodass die Zuhörerschaft gebannt ist, auch wenn Wahrheit und Fiktion durcheinander geraten. Der Spaß am spielerischen, kreativen und fantasievollen Umgang mit der Sprache ist bei allen Beteiligten unverkennbar. Erzähl- und Sprechspiele umfassen abwechslungsreiche Formen wie Fantasiereisen (Rätselgeschichte, Vorstellungsgeschichte), Fortsetzungsgeschichten erfinden, aus Begriffen eine Geschichte formen, Wortkombinationen weiterführen, Abzähl-/Schnellsprechverse, Rätsel erfinden, Reime sprechen, Rückwärtslesen/-sprechen u. a. m.

→ **Spielförderung**
- Abbau von Sprachhemmungen
- Freude am Sprachspiel und an Lautmalerei
- Kommunikationsfähigkeit
- verbale Verständigung
- Integration/Toleranz
- Fantasie und Kreativität
- Konzentration/Entspannung
- Kombinations-/Merkfähigkeit
- Assoziationsförderung
- Wortschatzerweiterung

→ **Spieleinsatz**
- Freizeitgestaltung
- spontane Erzählsituationen
- Erzählwettbewerb
- „Schnellsprechkurs"

→ **Spielmethode**
- Die Spielleitung/ein Spielteilnehmer gibt ein Beispiel vor.
- Alle Spielteilnehmer werden einbezogen.
- Die Teilnehmerbeiträge werden positiv beachtet.
- Kein Teilnehmer wird bloßgestellt.
- Spontane Spielvariationen zulassen.
- Das Ende der Spielzeit rechtzeitig ankündigen.

Erzählbasar

Mitspieler: ab 4
Alter: ab 6 Jahren
Ort: ruhiger Raum
Spielzeit: ca. 10 Minuten
Material: verschiedene Kopfbedeckungen (Hut, Kopftuch, Krone, Schleier, Zylinder etc.)

Spielverlauf: Alle Mitspieler sitzen im Halbkreis, die Kopfbedeckungen liegen auf dem Boden in der Halbkreismitte. Jeder wählt eine beliebige Kopfbedeckung und zieht sie auf. Der erste Erzähler setzt sich vor den Halbkreis und beginnt mit der Kettengeschichte: *„Ich bin Flexus der Zauberer und möchte euch meine Geschichte erzählen. Also, vor langer Zeit, ich hatte einige Zaubersprüche vergessen, und ich wollte mich mit der Hexe Knabberzahn treffen, damit sie mir hilft. Im Park traf ich eine Person mit einer Krone, sie sagte ... ":* Der Mitspieler mit der Krone setzt sich vor den Halbkreis, stellt sich mit seinem Erzählernamen vor und führt die Geschichte fort, bis er den nächsten Erzähler auffordert usw. Wird die Geschichte zu Ende erzählt, wird der Erzählbasar geschlossen.
Variation: Ältere Mitspieler erzählen eine in sich geschlossene Geschichte.

Geschichtenwürfel

Mitspieler: *2–6*
Alter: *ab 6 Jahren*
Ort: *ruhiger Raum*
Spielzeit: *ca. 15 Minuten*
Material: *mindestens 1 Bilderwürfel*

Spielverlauf: (Vorbereitung: Einen Würfel aus Pappe herstellen, ca.10 x 10 cm; auf jede Würfelseite eine Klarsichtfolie als Tasche kleben. In diese Tasche werden von den Teilnehmern gemalte oder ausgeschnittene Bilder oder Fotos gesteckt.) Der erste Spieler erzählt zu dem gewürfelten Bild den Anfang einer Geschichte (etwa 1–3 Sätze), der zweite Spieler würfelt und führt die Geschichte (etwa 1–3 Sätze) fort.
Variation: Mehrere Bilderwürfel einsetzen und die Bilder in einer Geschichte verbinden.

Rätselgeschichte/Entspannungsgeschichte „Der Wind"

Mitspieler: *6*
Alter: *ab 5 Jahren*
Ort: *ruhiger Raum*
Spielzeit: *ca. 20 Minuten*
Material: *–*

Spielverlauf: Entspannende Einleitung: *„Legt euch bequem auf den Boden. Stellt euch vor, ihr seid Blätter und ihr liegt unter einem Baum und träumt etwas Schönes."* Kurze Erzählpause: *„Ich werde euch nun ein Rätsel erzählen und ihr könnt versuchen das Rätsel zu lösen. In diesem Rätsel werdet ihr etwas ganz anderes sein als ihr wirklich seid. Bleibt ganz still liegen und hört genau zu. Wenn ich fertig bin, gehe ich herum und jeder kann mir ins Ohr flüstern, was er in dem Rätsel ist."*
Mit langsamer und weicher, geheimnisvoller Stimme weitererzählen, dabei Erzählpausen einlegen:
„Du bist ganz und gar unsichtbar. Manchmal bist du ganz zart und sanft und manchmal bist du laut und grob. Du kannst Äste und Zweige der Bäume hin und her schwingen lassen und du verstreust die Samen des Löwenzahns. Wer gerne in einem Segelboot fährt, freut sich, wenn du da bist, aber du darfst nicht zu stark sein, sonst kannst du so ein kleines Segelboot umkippen. Im Frühling und im Herbst zeigst du manchmal, wie stark du sein kannst. Du wirfst Ziegel von den Dächern und manchmal kippst du sogar große Bäume um. Niemand kann dich festhalten oder einsperren. Du bist sehr wichtig für alles Leben. Du bringst erquickenden Regen und frische Luft zum Atmen. Was bist du?"

Feedback: *„Wie hat dir dieses Rätselspiel gefallen?" „Welche Art Wind wärst du am liebsten?"*
(Aus: Vopel, K.: Zauberladen, iskopress Salzhausen 1995.)

Zungenbrecher

Mitspieler: mindestens 2
Alter: ab 6 Jahren
Ort: beliebig
Spielzeit: beliebig
Material: –

Spielverlauf:
– Die nachstehenden Verse schnell und fehlerfrei sprechen:
  – *Hinter Hermann Hannes Haus hängen hundert Hosen raus.*
  – *Hundert Hosen hängen raus, hinter Herrmann Hannes Haus.*
  – *Bürsten mit blauen Borsten bürsten besser als Bürsten mit braunen Borsten.*
  – *Esel essen Nesseln nicht, Nesseln essen Esel nicht.*
  – *Zwei zitternde Schlangen lagen zischend zwischen zwei spitzen Steinen und zwickten.*
  – *Wenn wir wären wo wir wollen, wie weit wären wir wohl weg!*
  – *Der dicke Dietrich trug den dünnen Dietrich durch den hicken schlicken nudeldicken Dreck.*
  Da dankte der dünne Dietrich dem dicken Dietrich, dass der dicke Dietrich den dünnen Dietrich durch den hicken schlicken nudeldicken Dreck trug.
– Eigene Zungenbrecherverse erfinden.

5 Fingerspiele

... sind sensomotorische Spiele, bei denen die Finger in Verbindung mit einem Vers oder Lied eine kleine Geschichte erzählen. Die Bewegungen der Hände unterstützen die rhythmisch gesprochenen Worte, unterstreichen den Klang der Reime und veranschaulichen mitunter auch fremde, dem Kind unbekannte Begriffe. Das Kind kann *motorische Vorstellungsbilder* entwickeln, da Sprache mit bestimmten Bewegungen in Zusammenhang gebracht wird und sich besser einprägt.

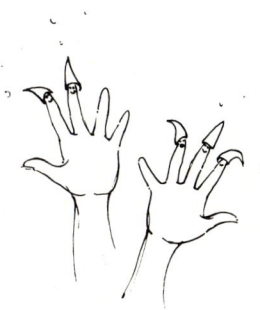

→ **Spielförderung**
- Körperwahrnehmung
- Sinneswahrnehmung im taktilen, auditiven, visuellen, kinästhetischen Bereich
- verbale und nonverbale Kommunikation
- Sprechfreude
- Sprachverständnis
- Konzentration
- Vorstellungen
- Merkfähigkeit

→ **Spieleinsatz**
- situativ
- beim Essen, Baden, Wickeln u. a. Pflegemaßnahmen zur Stimulation, Motivation, Ablenkung
- zur Überbrückung von Wartezeiten
- im Spielkreis (Vormachen – Nachmachen)
- als Einstieg (Motivation) für weitere Spielangebote

→ **Spielmethode**
- Text, Bewegungen und Melodie frei sprechen
- Langsames, schnelles, lautes, leises Sprechen mit zaghafter oder forscher Gestik unterstreicht den Textinhalt
- mithilfe von kleinen Requisiten spielen, z. B. Gesichter aufmalen, (Finger)hüte aufsetzen etc.
- flexibel und wiederholt spielen

Flugzeug

Mitspieler:	*Kind mit Bezugsperson, Partnerspiel*
Alter:	*ab 1 Jahr*
Ort:	*Sitzkreis, beliebig*
Spielzeit:	*beliebig*
Material:	*–*

Spielverlauf:

„Kommt ein Flugzeug angeflogen,	*Hand bewegt sich als*
fliegt ganz hoch im hohen Bogen,	*Flugzeug, landet auf*
setzt sich auf die Erde nieder,	*einem Körperteil des*
kreist dann in die Höhe wieder,	*Kindes, bewegt sich*
rollt dann auf der Rollbahn aus.	*in der Luft, gleitet*
Alle Leute steigen aus."	*über den Arm, Finger machen „Schritte".*

Frosch und Fliege

Mitspieler:	*beliebig*
Alter:	*ab 3 Jahren*
Ort:	*Sitzkreis, beliebig*
Spielzeit:	*beliebig*
Material:	*–*

Spielverlauf:

„Seht mal Kinder, seht mal an,   *Eine Hand bewegt*
wie die Fliege fliegen kann,   *sich als Fliege,*
rundherum und in die Höh',
da kommt der Frosch, quak, quak,   *andere Hand öffnet*
1, 2, 3,   *sich als Froschmaul*
ist's mit der Fliege vorbei."   *und* greift *die Fliege.*

Geburtstagsfeier der Maus

Mitspieler:	*Kind mit Bezugsperson*
Alter:	*ab 1 Jahr*
Ort:	*beliebig*
Spielzeit:	*beliebig*
Material:	*–*

Spielverlauf: Die Bewegungen werden auf dem Arm des Kindes ausgeführt.

„Eine Maus geht spazieren.
Sie trifft einen Igel,   *Einzelne Finger „pieksen",*
dann einen Elefanten,   *die Faust „stampft",*
zuletzt eine Schlange.   *ganze Hand „streicht".*
Sie lädt sie zum Geburtstag ein.
Zuerst kommt der Igel,   *„pieks",*
dann der Elefant,   *„stampf",*
zum Schluss die Schlange,   *„streich",*
Sie feiern, lachen und tanzen.   *überall kitzeln.*
Als sie müde werden,
gehen sie wieder nach Hause.
Zuerst der Igel,   *„pieks",*
dann der Elefant   *„stampf",*
und am Ende die Schlange   *„streich".*

Herr Zwick und Herr Zwack

Mitspieler:	Kind mit Bezugsperson, beliebig	Ort:	Sitzkreis, beliebig
Alter:	ab 2 Jahren	Spielzeit:	beliebig
		Material:	–

Spielverlauf:

„Herr Zwick und Herr Zwack
sind zwei Männlein im Sack.
Herr Zwick hat einen Hut.
Herr Zwack hat einen Kranz.
So gehen sie beide zum Tanz.
Sie tanzen und springen
und singen und lachen
und machen gar lustige Sachen.
Doch dann sind sie müde.
Herr Zwick und Herr Zwack
schlüpfen zurück in den Sack."*

*Beide Daumen sind in
den Fäusten,
erster Daumen zeigt sich,
zweiter Daumen ebenso,
berühren sich,
wackeln hin und her,*

*auf und nieder.
Daumen auf die Fäuste
legen,
Daumen zurück in die Fäuste.*

Zwerglein Tip-Tip-Tip

Mitspieler:	Kind mit Bezugsperson	Spielzeit:	beliebig
Alter:	ab 6 Monaten	Material:	–
Ort:	Wickeltisch, Bett, Schoß		

Spielverlauf:

„Immer höher Schritt für Schritt,
geht das Zwerglein Tip-Tip-Tip.
Ruht sich eine Weile aus,
schaut auch in die Welt hinaus.
Kitzele, katzele, titzele, tatzele,
misele, mausele, wisele, wausele.
Jetzt kommt das Zwerglein oben an,
wo es Dich auch kraulen kann.
Pass auf und sieh Dich vor,
jetzt kitzelt es Dich hinter'm Ohr.
Doch auf einmal ri, ra rutsch –
ist es wieder futsch."*

*Die Bezugsperson
geht mit den Fingern
über den Körper des
Kindes, von unten
nach oben,
verweilt,
krault,
kitzelt hinterm Ohr.*

*Mit einer schnellen Bewegung
verschwindet die Hand wieder*

---

* überliefert

6 Geländespiele

... erhalten ihre Vielseitigkeit durch die Verschiedenartigkeit der naturnahen Umwelt. Sie sind fester Bestandteil vieler Ferien- und Freizeitprogramme. Geländespiele in einem abwechslungsreichen Waldgebiet mit Bachlauf, in einer Schlucht oder auf einer Industriebrache vermitteln den Teilnehmern besondere Spielerlebnisse, die durch Wetter, Tages- oder Nachtzeit und Jahreszeit zusätzliche Herausforderungen bzw. Spannungen erzeugen. Folgende Geländespielarten sind möglich*:

Schatzsuche
Mithilfe von Informationen muss ein versteckter Schatz von einer oder mehreren Gruppen auf die schnellste Weise gefunden werden.

Schnitzeljagd
Eine oder zwei Gruppen müssen eine Person oder eine Gruppe finden, die bestimmte Spuren hinterlässt.

Buchstabensuche
In einem abgegrenzten Gebiet sind Buchstaben versteckt. Zwei Gruppen sammeln in einer vorgegebenen Zeit möglichst viele Buchstaben und versuchen sie zu vollständigen Wörtern zusammenzusetzen.

Schmugglerjagd
Eine Grenze wird von den „Zöllnern" bewacht. In einer festgelegten Zeit müssen die „Schmuggler" bestimmte Gegenstände über die Grenze bringen ohne von den „Zöllnern" ertappt zu werden.

Wappenjagd
Zwei Mannschaften besitzen je ein eigenes abgegrenztes Spielfeld, in dem sie in Sicherheit sind. Ihre Wappen bzw. Gruppenzeichen befinden sich jedoch im gegenüberliegenden Spielfeld. Jede Mannschaft versucht nun durch taktische Vorgehensweise ihre Wappen zurückzuerobern ohne von der gegnerischen Mannschaft gefangen zu werden.

---

* Vgl. Kaderli, M. u. Team: *Geländespiele*, rex, Luzern 1997.

Anschleichen

Eine Gruppe muss sich in einem abgegrenzten Gelände und in einem festgelegten Zeitraum an einer bestimmten Stelle versammeln. Die gegnerische Gruppe versucht sie daran zu hindern. Wenn sie gesehen werden, werden sie gefangen genommen.

→ **Spielförderung**

- Gemeinschaftsgefühl
- Verantwortung gegenüber sich und den anderen
- Teamfähigkeit
- Kooperation
- Akzeptanz
- Regelverständnis – Regelbewusstsein

- taktisches und strategisches Vorgehen
- sinnliche Wahrnehmung: Beobachten, Orientieren, Kombinieren, Vergleichen
- Umwelterfahrungen
- umweltgerechtes Verhalten
- Bewegungsfreude

→ **Spieleinsatz**

- draußen
- Freizeitgestaltung

- in den Schulferien
- Teil eines Freizeitprogramms

→ **Spielmethode**

- Auswahl eines geeigneten Spielgeländes (evtl. Genehmigung von zuständigen Personen einholen, z. B. Landwirt, Förster)
- Abgrenzung des Spielfeldes durch deutlich sichtbare Markierungen
- Erste-Hilfe-Koffer für alle zugänglich machen
- Gruppenzeichen vor dem Spiel mit den Teilnehmern anfertigen
- Spielmaterialien vorbereiten und bereitlegen
- Einstimmung in das Geländespiel durch die Spielleitung, z. B. kurze Geschichte erzählen
- Spielregeln einfach und verständlich, evtl. mit den Teilnehmern, erklären
- auf Gefahren aufmerksam machen
- Verhaltensregeln der Teilnehmer im Gelände erläutern, z. B. keinen Müll hinterlassen
- Spielzeit festlegen: Beginn, Signale bei besonderen Situationen vereinbaren, Ende, Treffpunkt
- spielerische Hilfsmittel bei der Gruppenbildung anwenden, z. B. Karten ziehen, Abzählreim, Geburtsreihe etc.
- gewaltfreie, kooperative Spielformen bevorzugen
- zum Spielende Ergebnisse bekanntgeben, dabei nicht die Sieger, sondern Fairness und gemeinsame Spielfreude herausstellen
- Ausklang mit allen Beteiligten in einer lockeren Atmosphäre, z. B. Lagerfeuer, Picknick

Der Schatz der Drüpplingser (Geländespielform: *Schatzsuche*)

Mitspieler:	15 = 3 Gruppen
Spielleitung:	2
Alter:	ab 8 Jahren
Ort:	500 x 500 m, Dorf, Waldgebiet, Wiese
Spielzeit:	ca. 60 Minuten
Material:	der Schatz (z. B. pro Person ein Würstchen, Kartoffeln in Alufolie, Getränke), 3 Schatzkarten in den Farben blau, gelb, rot zerschnitten in 3 Teile, Verkleidung einer Spielleiterin als Hexe

Spielverlauf:

Spielgeschichte

Erste Spielleiterin erzählt:
Im letzten Würstchen- und Kartoffelkrieg wurden die Drüpplingser von einer mächtigen Truppe von Raubrittern überfallen. Alles konnten sie jedoch nicht erbeuten, denn im letzten Moment vergruben einige der Dorfbewohner ihre wenigen Kostbarkeiten in einem entlegenen Waldstück. Aus sicherer Quelle ist uns bekannt, dass sich der vergrabene Schatz auf diesem Gelände befindet. Einige der Nachfahren derer von Drüpplingsen befinden sich sogar unter uns. Sie sind noch im Besitz eines Fragmentes der besagten Schatzkarte (jede Gruppe erhält das erste Kartenstück). Folgt ihr dieser Karte, so werdet ihr an eine Stelle gelangen, an der sich vermutlich das zweite Kartenstück befindet. Ein ururalter Dorfbewohner hat uns übrigens erzählt, dass vermutlich das dritte Kartenstück im Besitz der Drüpplingser Hexe ist. Spürt die Hexe auf. Bildet einen Kreis um sie und fordert das wichtigste Schatzkartenstück von ihr heraus. Viel Glück bei eurer Schatzsuche. Die Gruppe, die als erste den Schatz gefunden hat, bringt ihn hierher. Gemeinsam werden wir beratschlagen, was wir mit dem Schatz tun werden.

Spielregeln

– Die Spielleitung versteckt den Schatz.
– Es werden 3 Schatzkarten in den Farben rot, blau und gelb angefertigt und in je 3 Teile zerschnitten.
– Das 1. Kartenstück wird zu Beginn des Spiels jeweils an die Gruppen verteilt. Jede Gruppe erhält jedoch eine andere Beschreibung zu dem ersten Versteck.
– Die Gruppen entfernen an dem Versteck nur das Kartenstück in ihrer Gruppenfarbe.
– Jede Gruppe darf die Verstecke nur einmal aufsuchen.
– Zweite Spielleiterin befindet sich als Hexe verkleidet auf dem Spielgelände.
– Die Gruppe, die die Hexe entdeckt hat, bildet einen Kreis um sie und fordert so das dritte Kartenstück heraus.
– Der Schatz kann sich auch außerhalb des Spielfeldes befinden.
– Die Gruppe, die den Schatz zuerst gefunden hat, bringt ihn zum Ausgangspunkt.
– Gemeinsam wird ein Lagerfeuer gemacht, auf Stöcke gespießte Würstchen gegrillt, Folienkartoffeln in der Glut gegart und Getränke verteilt.

Heiße Ware (Geländespielform: *Schmugglerjagd*)

Mitspieler:	*20 = 2 Gruppen*
Spielleitung:	*2*
Alter:	*ab 8 Jahren*
Ort:	*Gelände von 500 m x 200 m, möglichst mit einer natürlichen Grenze, z. B. einem Bachlauf oder einem Fußweg*
Spielzeit:	*ca. 60 Minuten*
Material:	*20 Spielgegenstände, z. B. Bälle, Springseil, Krocket, Tischtennisschläger, Kartenspiele etc.*

Spielverlauf:

Spielgeschichte	Spielregeln
Erste Spielleiterin erzählt: König Antiludus regiert sein Land mit eiserner Strenge. Spielen ist im ganzen Land verboten. Wer beim Spielen erwischt wird, kommt in den Kerker. Seine Landesgrenze wird von 10 Spielwächtern kontrolliert, die aufpassen, dass kein Spielzeug ins Land gebracht wird. Trotzdem lassen sich einige Untertanen nicht abschrecken. Besonders Kinder versuchen hin und wieder Gegenstände ins Land zu schmuggeln, mit denen sie dann heimlich an versteckten Orten spielen und Spaß haben. Wird jemand an der Landesgrenze beim Schmuggeln erwischt (berührt), wird er gefangen genommen und seine heiße Ware sofort beschlagnahmt.	– Stelle einrichten, an der sich die Spielmaterialien befinden (ca. 100 m von der Grenze entfernt) – Grenzbereich markieren – Bildung von 2 Gruppen (Gruppenmerkmale anfertigen, z. B. Kappen, Stirnbänder, Brillen, Halstücher etc.) – Die Spielleiterinnen halten sich im Grenzbereich auf. – Die Spielwächter verteilen sich entlang der ca. 500 m langen Grenze. Sie dürfen sich nur 20 m von der Grenze entfernen. – Die Schmuggler erhalten einen Plan, auf dem die Materialstelle und das Ziel eingetragen sind. – Wird im Grenzbereich ein Schmuggler von einem Spielwächter berührt, wird er gefangen genommen. Seine Ware muss er abgeben. – Die Gruppe, die in der festgelegten Zeit die meisten Spielgegenstände besitzt, hat gewonnen. – Es ist sinnvoll das Spiel mit vertauschten Rollen zu wiederholen. – Zum Abschluss wird gemeinsam ein Spielfest oder ein Spielnachmittag mit den geschmuggelten Spielgegenständen geplant.

Wo ist Mister NO? (Geländespielform: *Schnitzeljagd*)

Mitspieler:	*12 = 2 Gruppen*
Spielleitung:	*3*
Alter:	*ab 8 Jahren*
Ort:	*Gelände von 1 km x 1 km, möglichst ein Dorf mit Waldgebiet*
Spielzeit:	*ca. 90 Minuten*

Material:	*20 rote, 8 blaue, 20 gelbe, 12 grüne, 2 schwarze Bänder (je nach Gelände muss die Anzahl der Bänder ange-passt werden), ein schwarzes Plakat mit der weißen Aufschrift: NO, Verklei-dung für Mister NO, für jede Gruppe ein Merkzettel mit den Farbsymbolen*	rot = blau = grün = gelb =	Straße, Weg überqueren oder durchqueren eines Baches Wald Wiese

Spielverlauf:

Spielgeschichte	Spielregeln
Erste Spielleiterin erzählt: Mister NO ist im Dorf unter-wegs. Niemand weiß, wer er ist. Trotzdem hinterlässt er Spuren, die unweiger-lich von ihm stammen. Aber die Geheimagenten von Ost und West sind ihm auf der Spur. Welche Gruppe der Agenten findet ihn zuerst?	– Eine Stunde vor Spielbeginn legen zwei Spiellei-terinnen zwei unabhängige Spuren, die zum glei-chen Ziel führen. Dabei werden alle 100 Schritte und der Wechsel einer Spur durch Farbbänder markiert. Das schwarze Band ermöglicht Mister NO seine Spur zu vertuschen. – An der Stelle, an der sich beide Spuren treffen, wird das schwarze Plakat mit der Aufschrift NO befestigt. Das bedeutet, dass sich im Umkreis von 100 m Mister NO (eine der beiden Spielleite-rinnen) versteckt hält. – Die andere Spielleiterin kehrt zum Ausgangs-punkt zurück oder versteckt sich ebenfalls.

7 Klamaukspiele (Black-outs, Sketche)

... sind komische Szenen, die durch ihre überzogenen, pointierten Darstellungen bei den Mitspielern und bei den Zuschauern Heiterkeit auslösen.

Klamaukspiele haben ihren Ursprung in der italienischen Stegreifkomödie (Commedia dell'Arte) des 16. Jahrhunderts, die mit typischen Masken vorgezeich-nete Handlungsabläufe durch improvi-sierte Dialoge, Witze und pantomimi-sche Scherze inszenierten.

Klamaukspiele sind gespielte Witze, so genannte *Black-outs* (engl.: plötzliches Abstellen der Bühnenbeleuchtung am Ende einer Theaterszene), die durch ihre

Pointen (frz.: Spitze, Knalleffekt) komische Wirkungen erzielen. Je überraschender die Pointe, desto wirkungsvoller ist der Witz. Viele gespielte Witze machen sich über andere lustig. Darin liegt der Reiz und die befreiende Wirkung für Kinder im Grundschulalter. Sie bevorzugen witzige Szenen aus dem Familien- oder Schulalltag, die mitunter auch sehr anzüglich oder derb sein können. Diese kurzen, gespielten Black-outs sind für Schulkinder eine Art Ventil, wo sie richtig Dampf ablassen können und wenigstens sprachlich über die Strenge schlagen dürfen.

Sketche oder *Stegreif*-Spiele, die ebenso zu den Klamaukspielen gehören, sind kurze, witzige, turbulente Theaterszenen, die zum Lachen bringen, aber auch zum Nachdenken anregen sollen. Die Theaterausstattung ist sparsam und einfach. Nur wenige Requisiten, z. B. Tisch, Stuhl, Telefon, sind nötig; dagegen unterstreichen einige charakteristische Kleidungsstücke wie Hut, Brille, Schal die Personentypen. Sketche müssen mit den Spielern gut vorbereitet werden, da eine gemeinsame sprachliche Verständigung, treffende Formulierungen sowie charakteristische Darstellungsweisen von bestimmten Typen Voraussetzungen sind, um das Verständnis der Zuschauer zu erleichtern.

Für Kinder im Grundschulalter sind witzige Sprachspiele, z. B. absichtliches Missverstehen oder Lügengeschichten, besonders unterhaltend. Schulkinder sind bereits in der Lage Doppeldeutigkeiten zu erkennen und Pointen oder Sprachverwirrungen zu durchschauen.

→ Spielförderung

- soziale Interaktion und Kommunikation
- Kontakt und Kooperation mit Partnern
- Freude am Sprachspiel
- Sprachförderung
- verbale und nonverbale Darstellungs- und Ausdrucksfähigkeit
- Erkennen von Situationskomik
- Rollenverständnis
- Fantasie und Improvisation
- Abbau von Spielhemmungen
- Stärkung des Selbstbewusstseins

→ Spieleinsatz

- feierliche Anlässe: Schulfest, Geburtstag, Karneval
- Straßenfest, Straßentheater

→ Spielmethode

Bis zur Aufführung eines Sketches vor fremdem Publikum ist ein Spielfreiraum mit einer angstfreien Atmosphäre notwendig. Grundschulkinder brauchen eine langsame Hinführung um mögliche Spielhemmungen zu verlieren und Darstellungs- und Ausdrucksfähigkeiten zu üben. Schrittweise aufbauende

Spielerfahrungen können z. B. nach dem *4-Phasen-Modell* (vgl. Spielen im Beruf S. 120) gemacht werden:

1. Phase: Kennenlern- und Kontaktspiele, z. B. *Namensecho s. S. 42*
2. Phase: Darstellungsspiele, z. B. *Theater der Gefühle s. S. 16*
3. Phase: Pantomimische Ratespiele, z. B. *Mimische Kette s. S. 53*
   Erzähl- und Sprechspiele, z. B. *Geschichtenwürfel s. S. 22*
4. Phase: Black-outs vor eigenem Publikum

Black-outs

Mitspieler: *je nach Szene, meist 2–3*
Alter: *ab 8 Jahren*
Ort: *drinnen/draußen, evtl. abgegrenzter Bühnenbereich*
Spielzeit: *ca. 3–5 Minuten*
Material: *Requisiten je nach Szene*

Spielvorschläge
In der Schule:
– Religionslehrer: *Wer von euch weiß, wie der Schutzpatron der Glöckner heißt?*
  Fritzchen meldet sich: *Ich weiß, der Typ heißt Heiliger Bimbam!*
– Fritzchen meldet sich und fragt die Lehrerin: *Wird man für etwas bestraft, das man nicht gemacht hat?*
  Lehrerin: *Nein, Fritzchen.*
  Fritzchen: *Gut, ich habe nämlich meine Hausaufgaben nicht gemacht!*

Zu Hause:
– Sohn: *Papa, wo liegt Algerien?*
  Vater: *Frag Mama, die räumt gerade auf!*
– Sohn: *Papa, meinst du wirklich, dass es auf anderen Sternen Leben gibt?*
  Vater: *Klar, auf den meisten ist doch jede Nacht Licht an!*
– Mutter (kommt ins Kinderzimmer): *Was macht ihr hier?*
  Fritzchen: *Wir spielen Doktor.*
  Mutter: *Und warum sitzt Elschen auf dem Schrank?*
  Lieschen: *Wir haben sie zur Erholung ins Gebirge geschickt!*

Tiere
– Zwei Flöhe kommen aus dem Kino. Fragt der eine Floh den anderen: *Gehen wir heute zu Fuß?*
  Nein, wir nehmen heut 'nen Dackel!
– Im Zoogeschäft. Fritzchen sieht eine Schildkröte und sagt zu dem Verkäufer: *Bitte nehmen Sie doch mal den Deckel herunter, dass ich sie streicheln kann.*

Im Lokal

- Gast zum Kellner: *Hören Sie mal. Auf meinem Apfelkuchen sind ja gar keine Äpfel.*
Kellner: *Auf Hundekuchen sind ja auch keine Hunde!*
- Gast zum Kellner: *Können Sie nicht mal den Hund hier aus dem Restaurant entfernen? Er starrt dauernd auf mein Essen.*
Kellner: *Kein Wunder, Sie haben ja auch seinen Teller!*

Impulstheater

Mitspieler:	*je nach Szene, meist 2–3*
Alter:	*ab 8 Jahren*
Ort:	*drinnen/draußen, evtl. abgegrenzter Bühnenbereich*
Spielzeit:	*ca. 3–5 Minuten*
Material:	*vorbereitete Spielanweisungen auf Karteikarten, Requisiten je nach Szene*

Spielimpulse*:

- Beim Spielen fliegt der Ball durch eine Fensterscheibe. Die Kinder verstecken sich und beobachten das Haus. Nach langer Zeit kommt eine alte Frau aus dem Haus. Sie hat den Ball in einem Einkaufsnetz und geht fort.
- Die Familie sitzt vor dem Fernseher und guckt einen spannenden Actionfilm. Plötzlich beginnt das Bild zu flimmern. Jeder meint, er könnte das am besten in Ordnung bringen.
- Einem Kind ist ein Geldstück in den Gully gefallen. Es versucht, das Geld wieder herauszufischen. Ein Mann kommt dazu und hilft mit seinem Krückstock. Immer mehr Leute sammeln sich um den Gully.
- Ein Mann ist zu Besuch bei Leuten, die einen Hund haben. Plötzlich juckt ihn etwas. Hat er einen Floh im Hemd? Er möchte die Gastgeber nicht kränken. Verstohlen kratzt er sich. Die Gastgeber wundern sich über seine merkwürdigen Verrenkungen.

Kartontheater

Mitspieler:	*ab 8*
Alter:	*ab 10 Jahren*
Ort:	*drinnen/draußen, evtl. abgegrenzter Bühnenbereich*
Spielzeit:	*ca. 3–5 Minuten, Vorbereitung: ca. 45 Minuten*
Material:	*pro Spielgruppe ein Karton, viele unterschiedliche Gegenstände, z. B. Radiergummi, Kerzenleuchter, Taschenlampe, Handfeger, Schwert, Badehose etc., vorbereitete Karten mit szenischen Vorgaben: Krimi, Klamauk, Horrorstück, Werbespot, Soap-Opera, Heimatschnulze etc.*

---

* Aus Wölfel, U.: *Du wärst der Pienek,* Anrich, Mühlheim 1973.

Spielverlauf: Es bilden sich Spielgruppen zu 3–4 Teilnehmern. Jede Gruppe erhält einen Karton, den sie mit 3 Gegenständen füllt. Dieser Karton wird einer anderen Gruppe gegeben, die zusätzlich noch eine Szenenkarte beim Spielleiter zieht. Jede Gruppe hat nun die Aufgabe eine Szene zu entwickeln, die dem Genre entspricht und in der alle drei Gegenstände eingebaut sind.

Schauspielschule

Mitspieler:	*ab 6*
Alter:	*ab 10 Jahren*
Ort:	*drinnen/draußen evtl. abgegrenzter Bühnenbereich*
Spielzeit:	*ca. 3–5 Minuten, Vorbereitung: ca. 45 Minuten*
Material:	*einige Requisiten können zur Verfügung gestellt werden, z. B. Kerzenleuchter, Umhang, Besen, Schwert etc., vorbereitete Karten mit szenischen Vorgaben: Krimi, Klamauk, Horrorstück, Werbespot, Soap-Opera, Liebesfilm etc.*

Spielverlauf: Es bilden sich Spielgruppen zu 3 Teilnehmern. Jede Gruppe erhält die gleiche Textvorgabe, aber unterschiedliche Szenenvorgaben (s. o.). In einer verabredeten Vorbereitungszeit entwickelt jede Gruppe einen Sketch, evtl. mit Requisiten, der den anderen vorgespielt wird.

Diener: *Herr Graf, es hat geklopft.*
Graf: *Sieh nach, wer da ist!*
Diener: *Herr Graf, es ist der Stallknecht.*
Graf: *Mag er kommen!*
Stallknecht: *Herr Graf, die Pferde sind gesattelt!*
Graf: *Nun denn, so lasst uns ausreiten.*

Sketche

Mitspieler:	*2–3 je nach Szene*
Alter:	*ab 10 Jahren*
Ort:	*drinnen/draußen, evtl. abgegrenzter Bühnenbereich*
Spielzeit:	*ca. 3–5 Minuten*
Material:	*Requisiten für den 1. Sketch: ein Tisch, zwei Stühle, Telefon, Telefonbuch, Zeitung, Buch; für den 2. Sketch: Weckerrasseln, ein Tisch mit Frühstücksutensilien; für den 3. Sketch: zwei Stühle, gemaltes Eisenbahnfenster, Schaffnerverkleidung*

Spielverlauf:

Hausaufgaben

Sohn: *Papa, kannst du mir bei den Hausaufgaben helfen?*

Vater: *Was musst du denn machen?*

Sohn: *Wir sollen erklären, was höflich und was unhöflich bedeutet.*

Vater: *Das ist doch ganz einfach. Ich werde es dir erklären. Hol doch bitte einmal das Telefonbuch. – Schlag mal irgendeine Seite im Telefonbuch auf.*

Sohn: *Und jetzt?*

Vater: *Jetzt nenn mir von dieser Seite eine beliebige Telefonnummer.*

Sohn: *Nehmen wir mal 689965.*

Vater: *Jetzt pass mal auf. Stell dich am besten hier hin, damit du direkt zuhören kannst.* (Wählt die Nummer und spricht die Ziffern laut.) *6–8 – 9–9 – 6–5.*

Mann: *Ja bitte, hier Müller.*

Vater: *Ich hätte gerne Ihren Sohn Karl-Heinz gesprochen.*

Mann: *Wie bitte?*

Vater: *Ich hätte gerne Ihren Sohn Karl-Heinz gesprochen.*

Mann: *Es tut mir leid. Ich habe keinen Sohn, der Karl-Heinz heißt. Sie müssen sich verwählt haben.*

Vater   (legt den Hörer auf): *Siehst Du, Fritzchen, das war höflich.* (Wählt wieder die gleiche Nummer.)

Mann: *Hier Müller.*

Vater: *Ich hätte gern Ihren Sohn Karl-Heinz gesprochen.*

Mann: *Ich habe Ihnen doch gerade schon einmal gesagt, dass ich keinen Sohn habe, der Karl-Heinz heißt. Sind Sie eigentlich ganz normal oder ein bißchen bekloppt?*

Vater   (legt den Hörer auf): *Siehst du Fritzchen, das war nun unhöflich.*

Sohn: *Ja Papa, jetzt werde ich Dir aber mal zeigen, was nachdenklich macht.* (Wählt wieder die gleiche Nummer.)

Mann: *Müller!*

Sohn: *Hallo Papa, hier ist Karl-Heinz. Hat jemand für mich angerufen?*

Ich hab keinen Bock

Nur die Mutter steht auf der Bühne. Der Sohn ist nicht zu sehen, er spricht im Hintergrund.

Weckerrasseln

Mutter: *Klaus-Dieter, aufstehen.*

Sohn: *Ich steh nicht auf, Mama.*

Mutter: *Du musst aber. Immer dieses Theater beim Aufstehen. Jahraus, jahrein.*

Sohn: *Ich hab aber keinen Bock in die Schule zu gehen. Ich bin krank.*

Mutter: *Nun mach schon. Komm endlich frühstücken.*

Sohn: *Ich geh nicht mehr zur Schule. Keiner kann mich leiden. Die Lehrer schimpfen immer mit mir, die Kinder ärgern mich dauernd, beim Hausmeister bin ich es immer gewesen, der Vater von Lisa will mich verhauen. Ich geh da nicht mehr hin.*

Mutter: *Aber Klaus-Dieter, das geht doch nicht. Du musst in die Schule gehen. Erstens musst du noch einiges Lernen, zweitens bist du erst 40 Jahre alt und drittens bist du der Direktor der Schule.*

Im Zugabteil

1. Frau: *Ich werde jetzt das Fenster öffnen.*

2. Frau: *Nein, das geht nicht. Das Fenster bleibt geschlossen.*

1. Frau: *Und ich sage, das Fenster wird geöffnet, sonst ersticke ich.*

2. Frau: *Und ich sage, das Fenster bleibt geschlossen, sonst erfriere ich.*

Schaffner: *Was ist denn hier los?*

1. Frau: *Diese Frau will nicht, dass das Fenster geöffnet wird. Sie möchte lieber in ihrem eigenen Mief ersticken.*

2. Frau: *Und wenn das Fenster geöffnet wird, hol ich mir den Tod, dann erfriere ich.*

Schaffner: *Ich mache Ihnen einen Vorschlag, meine Damen. Wir öffnen jetzt das Fenster, dann erfriert die eine Dame. Dann schließen wir das Fenster und die andere Dame erstickt. So haben wir das Problem gelöst.*

8 Kniereiterspiele

... sind ritualisierte Kommunikationsspiele, bei denen die Bewegung im Vordergrund steht und der Reim die „Spielregel" vorgibt. Im Wechselspiel zwischen Spannung und Wagnis *(Aktivierungszirkel)* erzeugt der enge Körperkontakt zwischen Kind und Erwachsenem eine Atmosphäre der Geborgenheit und des Vertrauens.

Kniereiterspiele werden im späteren Alter vom Kind mitgesprochen oder mitgesungen, sodass man von *Duetten* (Papoušek) sprechen kann, wobei stets die Spieltätigkeit selbst der Gegenstand der Interaktion ist.

→ **Spielförderung**
- Körperkontakt
- Sinneswahrnehmung insbesondere im taktilen, auditiven, kinästhetischen, vestibulären Bereich
- soziale Interaktion und Kommunikation
- Sing- und Sprechfreude
- rhythmische Bewegungsfreude
- Vertrauen

→ **Spieleinsatz**
- situativ, flexibel und wiederholt einsetzen

→ **Spielmethode**
- Text und Melodie frei sprechen bzw. singen und passend zur rhythmischen Bewegung ausführen

Im hohen Bogen *

Mitspieler:	*Erwachsener und Kind*
Alter:	*ab ½ Jahr*
Ort:	*auf dem Schoß*
Spielzeit:	*beliebig*
Material:	*–*

Spielverlauf:

„Im hohen Bogen	*Kind sitzt auf den Knien,*
kopfüber flogen	*wird an Händen oder Unter-*
zwei wilde Knaben	*armen festgehalten,*
tief in den Graben,	*Knie rhythmisch auf und ab bewegen,*
fielen auf Steine,	
weh taten die Beine,	
fielen in den Klee,	*im Festhalten nach hinten*
o weh, o weh, o weh.	*fallen lassen, wieder hochnehmen.*

Frau Hopsehöpper *

Mitspieler:	*Erwachsener und Kind*
Alter:	*ab ½ Jahr*
Ort:	*auf dem Schoß*
Spielzeit:	*beliebig*
Material:	*–*

---

*   Aus Nitsch: *Hoppe, hoppe, Kniereiter*, Mosaik, München 1998.

Spielverlauf:

„Frau Hopsehöpper
macht nen Köpper
von meinem Knie,
perfekt wie nie."

*Kind sitzt auf den Knien,
im Festhalten nach hinten
fallen lassen, wieder hoch-
nehmen.*

Hopp, hopp, hopp

Mitspieler: *Erwachsener und Kind*
Alter: *ab ½ Jahr*
Ort: *auf dem Schoß*
Spielzeit: *beliebig*
Material: *–*

Spielverlauf: Kind sitzt auf den Knien des Erwachsenen – erst langsam, dann immer schneller reiten lassen.

überliefert

1. Hopp, hopp, hopp!
Pferdchen lauf Galopp!
Über Stock und über Steine,
aber brich dir nicht die Beine!
Hopp, hopp, hopp, hopp, hopp,
Pferdchen lauf Galopp!

2. Brr, brr, he!
Steh doch Pferchen steh!
Sollst schon heute weiterspringen,
muss dir nur erst Futter bringen.
Brr, brr, he,
steh doch Pferdchen steh.

Herr Wolkenkratz*

Mitspieler: *Erwachsener und Kind*
Alter: *ab ½ Jahr*
Ort: *auf dem Schoß*
Spielzeit: *beliebig*
Material: *–*

---

*   Aus Nitsch: *Hoppe, hoppe, Kniereiter*, Mosaik, München 1998.

Spielverlauf: Der Erwachsene ist der Schimmel und springt mit seinem Reiter in die Höhe:
„Herr Wolkenkratz
tut einen Satz,
mit viel Schwung
den großen Sprung
auf einem Schimmel,
hooooch zum Himmel."

9 Kontakt -/Kennenlernspiele

... sind soziale Wahrnehmungsspiele, die zu Beginn Gruppenprozesse in Gang setzen. Sie vereinfachen den Teilnehmern die Kontaktaufnahme und erleichtern die Orientierung in der Einstiegsphase. Lockerungsspiele sollen die Teilnehmer „positiv aufwärmen" und zum Abbau von Hemmungen und Ängsten beitragen. Der erste Austausch privater Informationen und die Orientierung in der neuen Umgebung schaffen auf spielerische Weise gemeinsame Voraussetzungen für den eigentlichen Zweck des Zusammentreffens.

→ **Spielförderung**
- Kommunikation
- Mitteilung (Interessen, Wünsche und Meinungen)
- Gewöhnung (Gruppe, Umgebung)
- Kooperation und gemeinsames Handeln
- Einstellung und Beurteilung
- Abbau von Konsumhaltungen
- Sozialbeziehung
- Klärung der Erwartungshaltung

→ **Spieleinsatz**
- Beginn eines Gruppenprozesses
- Kennenlernen/Eingewöhnung der Teilnehmer
- Motivation zu einem Thema
- Einstieg in die Teamarbeit

→ **Spielmethode**
- verbaler oder nonverbaler Spielbeginn durch die Spielleitung
- simultanes Bewegungsspiel als Einstieg
- Animationsspiele zur Bildung von Kleingruppen

- Spielteilnehmer übernimmt die Führerrolle und animiert
- emotionale Gruppensituation beachten und einbeziehen
- spielerisch handelnde Hinführung zum eigentlichen Zweck/Thema

Eins, 2, 3, 4, 5, 6, 7

Mitspieler:	*10–15*
Alter:	*ab 4 Jahren*
Ort:	*Spielraum*
Spielzeit:	*ca. 10 Minuten*
Material:	*1 Tisch mit einer Decke, die bis zum Boden reicht*

Spielverlauf: Alle Teilnehmer stehen verteilt im Raum, schauen zur Wand und schließen die Augen. Der Spielleiter tippt einen Mitspieler an, der sich leise unter dem Tisch mit der Decke versteckt. Auf ein Signal drehen sich alle um und stellen fest, wer fehlt. Anschließend erfolgt der Sprechgesang:

„1, 2, 3, 4, 5, 6, 7,	
wo ist Anna denn geblieben?	Name des Versteckten einsetzen.
Ist nicht hier, ist nicht da,	Mit dem Arm in eine Richtung zeigen.
ist wohl in Amerika!"	Das versteckte Kind kommt unter dem Tuch hervor.

Freunde suchen

Mitspieler:	*11–15*
Alter:	*ab 4 Jahren*
Ort:	*großer Raum*
Spielzeit:	*ca. 10 Minuten*
Material:	*Kassettenrecorder und MC*

Spielverlauf: Die Teilnehmer gehen zur Musik durch den Raum. Stoppt die Musik, bleiben alle stehen und der Spielleiter gibt die Anweisung: „Such dir eine Freundin und begrüße sie!" oder „Such dir eine Freundin und streichle ihre Haare!" Wenn die Musik einsetzt, gehen alle wieder durch den Raum. Wer keinen Freund/keine Freundin gefunden hat, darf in der folgenden Runde die Spielanweisung geben.

Ich sehe jemanden ...

Mitspieler:	*10–15*
Alter:	*ab 4 Jahren*
Ort:	*beliebig*
Spielzeit:	*beliebig*
Material:	*1 übergroße Sonnenbrille*

Spielverlauf: Alle sitzen im Kreis, die Spielleiterin trägt die Sonnenbrille und sagt: „Ich sehe jemanden, den ihr nicht seht und der hat rote Schuhe an, wer ist das?" Wer als erster den Namen des Teilnehmers mit roten Schuhen nennt, darf die Sonnenbrille aufsetzen und als Nächster die Frage stellen.

Variation: Augenfarbe/Haarfarbe/charakteristische Eigenschaft benennen

Namensecho

Mitspieler:	ca. 10
Alter:	ab 3 Jahren
Ort:	beliebig
Spielzeit:	ca. 10 Minuten
Material:	–

Spielverlauf: Alle stehen im Kreis und stellen sich nacheinander mit Vornamen vor. Die ganze Gruppe (Echo) wiederholt den Vorstellungssatz und die Bewegungen.

Ich	(mit dem Finger auf sich zeigen)	Du	(mit dem Finger auf Mareike zeigen)
heiße	(mit den Füßen trampeln)	heißt	(mit den Füßen trampeln)
Ma-rei-ke	(Namenssilben klatschen)	Ma-rei-ke	(Namenssilben klatschen)

Variation: andere rhythmische Bewegungen ausdenken

Roter Faden

Mitspieler:	10–20
Alter:	ab 8 Jahren
Ort:	großer Raum, draußen/drinnen
Spielzeit:	ca. 30 Minuten
Material:	rotes Wollknäuel

Spielverlauf: Die Spielteilnehmer stehen im Kreis, die Spielleitung behält das Fadenende in der Hand und das rote Wollknäuel wandert im Uhrzeigersinn weiter im Kreis, bis es bei der Spielleitung wieder ankommt. Gemeinsam wird der Fadenkreis nun auf den Boden gelegt. Für den weiteren Spielverlauf bildet das Fadenende den Anfang und das Knäuel das Ende einer (vorgestellten) Skala. Die Spielleitung gibt Fragen an die Spielgruppe und alle stellen sich in der richtigen Reihenfolge auf den roten Kreis:

– In welchem Monat bist du geboren?
– Mit welchem Buchstaben beginnt dein Vorname?
– Wie viele Herzen (Mensch/Tier) schlagen in deiner Wohnung?
– Welche Zahl zwischen 1–20 ist deine Lieblingszahl?

Variation: Bei der Suche nach dem richtigen Standort darf nicht gesprochen werden.

Wo ist Walter?

Mitspieler: 10–12
Alter: ab 3 Jahren
Ort: großer Raum
Spielzeit: ca. 10 Minuten
Material: Handtrommel

Spielverlauf: Alle Teilnehmer gehen zum Rhythmus der Handtrommel (Spielleitung) durch den Raum. Der Spielleiter ruft den Namen eines Mitspielers: „Wo ist Benjamin?" Alle laufen zu Benjamin und berühren ihn. Benjamin darf nun die Handtrommel schlagen und den nächsten Mitspieler ausrufen. Das Spiel endet, wenn alle aufgerufen wurden.

Variation: Wenn die Gruppe sich schon kennt, können z. B. die Kleidung, die Haarfarbe oder eine besondere Eigenschaft als Kennzeichen genannt werden.

10 Kooperative Bewegungsspiele

... sind Geschicklichkeits- und Tobespiele, bei denen Kinder ihre elementaren Bewegungs- und Kontaktbedürfnisse ausleben, ohne dass Wettbewerb und Konkurrenz im Mittelpunkt stehen. Alle grobmotorischen Bewegungsformen (wie Laufen, Hüpfen, Krabbeln, Springen, Schleichen, Tanzen, Balancieren usw.) können als Gruppen- oder Partnerspiele in Spielsituationen eingebunden werden. Nach gemeinsamen Absprachen und nach der Festlegung der Spielregeln können verschiedene Formen kooperativer Bewegungsspiele gespielt werden: Kreisspiele, Fangspiele, Ballspiele, Gummischnur-/Hüpfspiele, Tanz-/Discospiele, freie Bewegungsimprovisationen u. a.

→ **Spielförderung**
- Bewältigung von Unsicherheit und Ängsten
- Freude an Körperwahrnehmung und -beherrschung
- Toleranz, Rücksichtnahme, Kooperationsfähigkeit
- Regelverständnis
- Frustrationstoleranz (Erfolg/Misserfolg)
- Vertrauen in eigene Leistungsfähigkeit

- Mitentscheidung
- Selbstverantwortung
- Ausgleich zu Bewegungsmangel
- Stärkung der Sozialbeziehungen
- Fantasie und Kreativität

→ **Spieleinsatz**
- Auflockerung/situativ
- Kinderolympiade
- Kinderfest/Party
- Freizeitgestaltung
- Themeneinstieg
- Bewegungsgeschichten

→ **Spielmethode**
- Alters- und Erfahrungsstand berücksichtigen
- gemeinsame Festlegung der Spielregel
- Konsequenz bei Regelüberschreitung abmachen
- spielerische Einführung durch einen Spielteilnehmer
- eventuelle Probephase einbauen
- Spielführerwechsel, Spielpartnerwechsel
- Vergleiche zulassen, aber Wettkampfcharakter vermeiden

Autorennen

Mitspieler:	*3–15*
Alter:	*ab 5 Jahren*
Ort:	*große Spielfläche im Freien*
Spielzeit:	*ca.10 Minuten*
Material:	*(Kreide) Ball*

Spielverlauf: Jeder Mitspieler wählt eine Automarke als Namen. Alle Mitspieler stehen an der (Kreide-) Startlinie. Der Spielführer wirft den Ball in die Luft und ruft dazu: „Das Rennen gewinnt Ferrari!" Während alle Mitspieler von der (Kreide-) Startlinie wegrennen, fängt der Mitspieler mit dem Namen *Ferrari* den Ball und ruft: „Stopp!" Alle bleiben stehen und *Ferrari* wirft einen Mitspieler ab. Dieser startet erneut das Rennen.

Fischstäbchen

Mitspieler:	*15*
Alter:	*ab 3 Jahren*
Ort:	*großer Raum (draußen/drinnen)*
Spielzeit:	*ca. 10 Minuten*
Material:	*–*

Spielverlauf: Alle Mitspieler sind Fische, die im Meer *schwimmen (Nachahmung)*. In der Fischfabrik werden sie zu Fischstäbchen verarbeitet und liegen dann zu fünft nebeneinander in einer engen Pappschachtel. (Jeweils 5 Spieler liegen nebeneinander.) Zu Hause *rollen sie nacheinander* aus der Schachtel in die Bratpfanne, die Butter in der Pfanne zischt *(Nachahmung)*. Die Fischstäbchen *brutzeln* nun in der Pfanne *(Nachahmung)*, erst werden sie auf der *Rückseite* braun gebraten, dann auf *der rechten Seite*, dann auf der *Vorderseite* und zuletzt auf der *linken Seite*. Nun prüft die Köchin, ob die Fischstäbchen fertig sind; die weichen können noch etwas braten und die knusprigen werden aus der Pfanne gehoben. *(Spielleiterin entscheidet und zieht die „fertigen" Kinder an den Händen hoch.)*

Josefine und der Bär

Mitspieler:	*2–10*
Alter:	*ab 4 Jahren*
Ort:	*geräumige Spielfläche (draußen/drinnen)*
Spielzeit:	*ca. 15 Minuten*
Material:	*evtl. Bilderbuch*

Spielverlauf: Zu jeder Zeile können Bewegungsmuster gefunden und ausprobiert werden. Zum Schluss den Text gemeinsam sprechen und dazu die Bewegungen simultan ausführen.

Variation: Nach dem Betrachten des Bilderbuches eine Rollenverteilung vornehmen und die abgebildeten Situationen nachspielen.

Der dicke Bär
zog kreuz und quer
(und Josefine hinterher)
mal vorwärts – mal rückwärts
tollend – und rollend
mal leise – mal singend
sich schleppend – und springend

mal gerade – mal krumm
mal links – mal rechtsherum
auf einem Bein – auf zwei Bein'
auf drei Bein' – auf vier Bein'
auf fünf Bein'? – Nein!
Sondern vielmehr: Kreuz und quer
zog der Bär und Josefine hinterher.

(Nach dem Bilderbuch: Pieper, C. Kreuz und quer, Hammer Verlag, Wuppertal 1998.)

Kissenschlacht

Mitspieler:	*ab 2*
Alter:	*ab 5 Jahren*
Ort:	*großer Raum, draußen/drinnnen*
Spielzeit:	*ca. 15 Minuten*
Material:	*pro Mitspieler ein Kissen*

Spielverlauf: Je nach Alter und Erfahrungsstand der Spielteilnehmer werden zunächst (gemeinsam) einige Sicherheitsregeln und Konsequenzen bei Regelverstößen verabredet. Im Anschluss an die Experimentierphase werden gemeinsam weitere Spielideen/-regeln für Kissenspiele erfunden, z. B. Wurf-/Fangübungen, Gegenstand abwerfen, Ziellinie treffen, Balancieren, Kissenturm bauen *(S. auch: Breucker, A.* Schmusekissen Kissenschlacht*, Ökotopia, Münster 1994.)*

Klammeraffendieb

Mitspieler: *beliebig (Fangspiel)*
Alter: *ab 4 Jahren*
Ort: *große Spielfläche (draußen/drinnen)*
Spielzeit: *beliebig*
Material: *Wäscheklammern (eine Klammer weniger als Mitspieler)*

Spielverlauf: Bei dieser Fangspielvariation hat jeder Mitspieler eine Wäscheklammer am Ärmel befestigt. Der Fänger hat keine Klammer und „klaut" sich eine von einem anderen Affen und dieser ist dann der Fänger.

Ratzefummel und Malstift

Mitspieler: *2–10 (Partnerspiel)*
Alter: *ab 4 Jahren*
Ort: *große Spielfläche (draußen/drinnen)*
Spielzeit: *ca. 10 Minuten*
Material: *–*

Spielverlauf: Ein Teilnehmer ist der *Malstift* und ein Teilnehmer der *Ratzefummel* (Radiergummi). Der Malstift malt Kreise, Striche, Linien usw., indem er in kleinen Schritten durch den Raum geht. Der Ratzefummel folgt dem Malstift und *radiert* die imaginären Striche, Kreise, Zackenlinien oder die Spirale und die anderen Dinge, die der Malstift gezeichnet hat, wieder aus. Plötzlich hat der Malstift keine Farbe mehr. Rollentausch.

Tierschau

Mitspieler: *16*
Alter: *ab 4 Jahren*
Ort: *große Spielfläche (draußen/drinnen)*
Spielzeit: *ca. 10 Minuten*
Material: *8 Kartenpaare mit Abbildungen von Tieren, deren typische Bewegungen/Stimmen leicht zu imitieren sind*

Spielverlauf: – Die Kartenpaare liegen umgedreht in der Kreismitte. Nacheinander nimmt jeder Mitspieler eine Karte, zeigt sie in der Runde und alle ahmen das abgebildete Tier nach. Die Karten wieder umgedreht hinlegen, mischen. Wiederholen!

– Alle laufen zur Musik durch den Raum und bei Musikstopp nimmt jeder eine Karte, ahmt die Bewegung oder Stimme nach und sucht so das Mitglied seiner Tierfamilie. Wiederholen!

Jeder Mitspieler behält nun eine Tierkarte und die Spielleiterin erzählt eine kleine Geschichte, in der die Tiere der Spielkarten eine Hauptrolle spielen. Immer dann, wenn die Tiere genannt werden, bewegen sich die Mitspieler, die die entsprechende Karte haben, und imitieren die Tierbewegung.

– Die Karten werden wieder umgedreht in die Mitte gelegt. Alle laufen zur Musik durch den Raum und bei Musikstopp nimmt jeder eine Karte, ahmt die Bewegung oder Stimme nach und sucht so das Mitglied seiner Tierfamilie. Das sich gefundene Tierpaar überlegt sich eine kurze Spielszene und führt diese der übrigen Gruppe vor.

Wildwasser fahren

Mitspieler: *3–15*
Alter: *ab 5 Jahren*
Ort: *abgestecktes Spielfeld/Spielstraße ohne Autoverkehr*
Spielzeit: *ca. 20 Minuten*
Material: *–*

Spielverlauf: Die Spiel-(Boots-)gruppe wählt den Steuermann. Der Steuermann und die Bootsgruppe stehen sich im Abstand von ca. 5 Metern gegenüber.

Bootsgruppe: *Steuermann, wie tief ist der Strudel?*
Steuermann: *2 Meter tief!*
Bootsgruppe: *Wie kommen wir hinunter?*
Steuermann: *Durch Rückwärtslaufen!*

Nach dem gerufenen Dialog laufen alle in der geforderten Bewegung los, der Steuermann fängt einen neuen Steuermann.

Variation: Die gefangenen Spieler werden ebenfalls Steuermann; zu Beginn des Spieles zwei Steuermänner wählen.

11 Kreis- und Reigenspiele

... sind Spiellieder und Reigentänze mit vorgegebenen Spielregeln, bei denen sich der Text in einen musikalischen Rhythmus verwandelt und von dem Bewegungs- und Tanzimpulse ausgehen.

Schon 2–3-jährige Kinder können bei Bewegungs- und Ausdrucksformen von Kreisspielen mitmachen, da sie durch die ausgehende *Chorwirkung* (J. Fritz) zum Imitationsspiel anregen.

Im Kreisspiel kann das Kind einerseits eigene Bewegungsideen entwickeln und Spielrollen übernehmen, muss sich aber gleichzeitig in die Gemeinschaft einfügen und der Spielregel anpassen, die vom Simultanspiel über den abwechselnden Spielvollzug bis zur Spielaufgabenteilung reicht.

→ **Spielförderung**
- sozialer Kontakt
- Merkfähigkeit von rhythmisch-musikalischen Abläufen
- verbale und nonverbale Kommunikation

- Sing- und Bewegungsfreude
- Vorstellung und Rollenerleben
- Gemeinschaft
- Internalisierung von Spielregeln

→ **Spieleinsatz**
- situativ – drinnen und draußen
- als Ritual der Begrüßung bzw. der Verabschiedung einer Spielgruppe

- als Element einer Spielkette
- als Element eines Sitz-/Stuhlkreises einer Spielgruppe

→ **Spielmethode**
- Text, Melodie und Bewegung ganzheitlich spielend vormachen – nachmachen
- kein Kind zum Mitspielen zwingen
- alle Spielteilnehmer haben Blickkontakt
- bei der Spielauswahl Entwicklungsstand der Kinder berücksichtigen
- bei der Reihenfolge mehrerer Kreisspiele auf Abwechslung achten (Dynamik/Spielerteilnahme)

Im Regen auf der Straße

Mitspieler:	*beliebig*
Alter:	*ab 2 Jahren*
Ort:	*beliebig*
Spielzeit:	*beliebig*
Material:	*–*

Spielverlauf: Die Kinder gehen im Kreis und singen im Leierrhythmus:
„Im Regen auf der Straße,
pitsche, patsche, pitsche, patsche,   *abwechselnd stampfen*
im Regen auf der Straße,
pitsche, pitsche, patsch.   *abwechselnd stampfen*
Jetzt mach ich einfach alle nass,
pitsche, patsche, pitsche, patsche.   *abwechselnd stampfen*
Jetzt mach ich einfach alle nass,
pitsche, pitsche, patsch.   *abwechselnd stampfen*
Ein Mann der ruft: „Was soll denn das?"   *Drohgebärde*
Pitsche, patsche, pitsche, patsch.   *abwechselnd stampfen*
Ein Mann der ruft: „Was soll denn das?"   *Drohgebärde*
Es macht mir so viel Spaß.   *mit beiden Beinen hüpfen*

Fährt der Lord fort

Mitspieler:	*beliebig*
Alter:	*ab 4 Jahren*
Ort:	*beliebig*
Spielzeit:	*beliebig*
Material:	*–*

Spielverlauf: Die Kinder bilden einen Sitzkreis und singen das Lied. In der Mitte des Kreises geht der *Lord* herum und macht Fahrbewegungen und Fahrgeräusche. Ein weiteres Kind spielt *Antony*, der pantomimisch die imaginäre Batterie prüft. An der Textstelle: „*...in die Disco ‚Blue'* wählt der *Lord* ein Kind aus. Sie haken sich unter, drehen sich zweimal und alle rufen: *Juchhu – Hu-hu-hu-hu-huu!* In den nächsten Spielrunden verdoppeln sich dann die Spieler, sodass sich am Spielende alle in der Kreismitte befinden.

Fährt der alte Lord fort,	(in den	*Fahrn die alten Lords fort,*
fährt er nur im Ford fort.	weiteren	*Fahrn sie nur in Fords fort.*
Und der gute Antony	Spielrunden)	*Und der gute Antony*
prüft noch schnell die Batterie.		*prüft noch schnell die Batterie.*
Wenn es dann so flitzt,		*Wenn es dann so flitzt,*

ist die Fahrt geritzt.
Denn er fährt nach Wuppertal
in die Disco „Blue“.
Tanzt dort einen Cha-Cha-Cha.
Alle schreien Juchhu –
Hu-hu-hu-hu-huu.

ist die Fahrt geritzt.
Denn sie fahrn nach Wuppertal
in die Disco „Blue“.
Tanzen dort 'nen Cha-Cha-Cha
Alle schreien Juchhu –
Juchhuh.

Fährt der al-te Lord fort, fährt er nur im Ford fort. Und der gu-te Anto-ny prüft noch schnell die Batte-rie. Wenn es dann so flitzt, ist die Fahrt ge-ritzt. Denn er fährt nach Wup-per-ta-l in die Dis-co „Blue“. Tanzt dort ei-nen Cha-Cha-Cha. Al-le schrei-en Juchhu.

Fixe Füße

Mitspieler:	beliebig
Alter:	ab 3 Jahren
Ort:	beliebig
Spielzeit:	beliebig
Material:	–

Spielverlauf: Die Kinder stehen im Kreis und strecken im ersten Liedteil abwechselnd den rechten und linken Fuß vor. Im zweiten Liedteil führen sie die Fußbewegungen passend zum Text aus.

überliefert

Zeigt her eu-re Fü-ße, was ist schon dabei. Denn was Fü-ße kön-nen, das ist so al-ler-lei. Sie zap-peln, sie zap-peln, sie zap-peln den ganzen Tag.

1. Zeigt her eure Füße,
   was ist schon dabei.
   Denn was Füße können,

4. Zeigt her eure Füße ...
   Sie trippeln, sie trippeln ...

das ist so allerlei.
II: Sie zappeln, sie zappeln,
sie zappeln den ganzen Tag.:

2. *Zeigt her eure Füße ...*
   Sie stampfen, sie stampfen ...

3. *Zeigt her eure Füße ...*
   Sie treten, sie treten ...

5. *Zeigt her eure Füße ...*
   sie schlurfen, sie schlurfen ...

6. *Zeigt her eure Füße ...*
   Sie tanzen, sie tanzen ...

Miss Mary Mac

Mitspieler:	*beliebig*
Alter:	*ab 3 Jahren*
Ort:	*beliebig*
Spielzeit:	*beliebig*
Material:	*–*

Spielverlauf: Die Kinder fassen sich an den Händen, gehen in Kreisform und singen. Miss Mary Mac geht außen in entgegengesetzter Richtung um den Kreis herum. An der Textstelle „du musst weg – weg – weg!" tippt sie drei aufeinander folgende Kinder an und das dritte geht mit. Gehen alle hinter Miss Mary Mac her, können bei der Textstelle „zieht bei mir ein – ein – ein!" drei Kinder auf einmal in den Kreis zurückkehren.

Melodie: überliefert
Text: Wege/Wessel

Miss Mary Mac, Mac, Mac
kriegt einen Schreck, Schreck, Schreck,
sieht eine Maus, Maus, Maus
in ihrem Haus, Haus, Haus!
„Oh nein, oh nein, nein, nein,
das darf nicht sein, sein, sein!"
sagt Mary Mac, Mac, Mac.
„Du musst weg – weg – weg!"

zum Schluss: *Miss Mary Mac, Mac, Mac*
kriegt einen Schreck, Schreck, Schreck,
sieht keine Maus, Maus, Maus
in ihrem Haus, Haus, Haus!
„Oh nein, oh nein, nein, nein,
ich bin allein, lein, lein,
das soll nicht sein, sein, sein,
zieht bei mir ein – ein – ein!"

12 Pantomimische Ratespiele

... sind darstellende Rollenspiele ohne Worte. Für Kinder bietet die Pantomime vielfältige Gestaltungsmöglichkeiten, die der kindlichen Fantasie keine Grenzen setzen. Pantomimische Spiele sind für Kinder ein guter Einstieg in die Theaterarbeit, da das Pantomimenspiel sowohl als Rollenspiel zur eigenen Spielfreude als auch als Ratespiel vor Zuschauern gespielt werden kann. Bei den pantomimischen Ratespielen kommt es darauf an, charakteristische Körperhaltungen, Gestik und Mimik ausdrucksstark, oft überzeichnet darzustellen, um den Zuschauern das Raten zu erleichtern. Für Kinder im Schulalter sind pantomimische Ratespiele als **Scharaden** besonders reizvoll. Bei der Scharade (frz.: charade = Silbenrätsel, Worträtsel) werden Worte oder Sätze in kleine Bestandteile zerlegt und den übrigen Mitspielern oder einem Publikum pantomimisch vorgespielt, die dann den Gesamtbegriff erraten müssen. Pantomimische Ratespiele sollen nicht zur künstlerischen Perfektion führen, sondern die differenzierte Beobachtung fördern und körperliche Ausdrucksformen bewusst machen.

→ **Spielförderung**
- differenzierte Beobachtung
- Körperwahrnehmung
- Selbst- und Fremdwahrnehmung
- Kennenlernen nonverbaler Ausdrucksformen: Mimik/Gestik
- Bewegungsfreude

- Bewegungssteuerung
- kreative Bewegungsgestaltung
- Einfühlung und Identifikation in verschiedene Rollen
- Interaktion und Kommunikation

→ **Spieleinsatz**
- situativ
- drinnen und draußen

- im Unterricht
- als Element eines Festprogramms

→ **Spielmethode**
Pantomimische Ratespiele mit Kindern im Grundschulalter sollten in 3 Phasen erarbeitet werden, in denen der Schwierigkeitsgrad und die Komplexität gesteigert werden, z. B.
1. spielerisches Ausprobieren der eigenen Körperbewegungen, z. B.
   - Geben und Nehmen realer Gegenstände, danach imaginärer Gegenstände

- Zuwerfen und Fangen verschiedener Bälle, danach imaginäre Bälle
- Transportieren leerer und voller Gefäße, danach imaginärer Gefäße
2. Umsetzung von einfachen pantomimischen Handlungen, z. B.
   - Alltagshandlungen pantomimisch darstellen und erraten: Zähneputzen, Telefonieren, Essen, Händewaschen, Lesen etc.
   - Tiere/Berufe/Fortbewegungsarten/Sportarten/Gefühle raten
3. Erarbeitung pantomimischer Szenen mit einem Partner, z. B.
   - Besuch beim Zahnarzt
   - Gast und Kellner im Lokal
   - Kunde und Käufer
   - Puppenspieler und Marionette

Mimische Kette

Mitspieler:	*ab 6*
Alter:	*ab 8 Jahren*
Ort:	*drinnen/draußen*
Spielzeit:	*beliebig*
Material:	*–*

Spielverlauf: Einige Spielteilnehmer verlassen den Raum. Die übrigen Mitspieler denken sich eine kurze Alltagsszene aus, z. B. Telefonieren in der Telefonzelle. Einer spielt dies nun dem ersten Spielteilnehmer, der draußen wartet, ohne zu sprechen vor. Dieser erhält vorher vom Spielleiter den Auftrag, die Szene genau zu beobachten, da er sie anschließend dem nächsten, der draußen wartet, vorspielen muss usw. Wenn jeder Spielteilnehmer gespielt hat, sagt er kurz, welche Handlung er sich bei seiner Pantomime vorgestellt hat. Zum Schluss wird die Originalszene noch einmal gespielt.

Bewegte Tableaus

Mitspieler:	*ab 8*
Alter:	*ab 8 Jahren*
Ort:	*drinnen/draußen*
Spielzeit:	*beliebig*
Material:	*evtl. Stühle*

Spielverlauf: Die Spieler bilden zwei gleich große Gruppen. Eine Gruppe verlässt den Raum. Die andere Gruppe denkt sich einen Ort aus, an dem sich alle befinden, z. B. als Zuschauer auf dem Fußballplatz, im Kino, im Theater, in der Schule, auf dem Markt. Alle nehmen die entsprechenden Positionen ein und gestikulieren entsprechend. Die Gruppe, die draußen gewartet hat, wird hereingerufen und muss erraten, an welchem Ort sich die dargestellte Szene abspielt. Danach erfolgt ein Rollenwechsel.

Scharaden

Mitspieler: *ab 8*
Alter: *ab 8 Jahren*
Ort: *drinnen/draußen*
Spielzeit: *beliebig*
Material: *–*

Spielverlauf: Variante 1: Einige Mitspieler verabreden ein zusammengesetztes Hauptwort, das in seine Wortbestandteile zerlegt und pantomimisch dargestellt wird, z. B. Puppen-Bett/Bilder-Buch/Schreib-Tisch-Lampe/Butter-Brot-Dose etc. Die anderen Mitspieler erraten den Gesamtbegriff.

Variante 2: Einige Mitspieler verabreden ein Wort, das in einzelne Buchstaben zerlegt wird und durch Tätigkeiten, die mit dem gleichen Buchstaben beginnen, in der richtigen Reihenfolge pantomimisch dargestellt werden, z. B.

K   **R**   **E**   **I**   **D**   **E**

Kochen **R**eiten **E**ssen **I**mpfen **D**uschen **E**rzählen

Die übrigen Mitspieler müssen die einzelnen Tätigkeiten richtig deuten und deren Anfangsbuchstaben zu einem Wort zusammenfügen.

Alle machen vor

Mitspieler: *ab 8*
Alter: *ab 8 Jahren*
Ort: *drinnen/draußen*
Spielzeit: *beliebig*
Material: *Stühle*

Spielverlauf: Alle Mitspieler bilden zwei gleich große Gruppen. Von jeder Gruppe steht ein Spieler mit dem Gesicht zu den übrigen Mitspielern, die alle im Halbkreis vor ihnen sitzen. Hinter dem Rücken der beiden Spieler zeigt der Spielleiter, deutlich sichtbar für die übrigen Mitspieler, einen Begriff, den alle auf ihre Weise pantomimisch darstellen sollen, um von den beiden Spielern erraten zu werden. Bei älteren Kindern können auch Wortfelder vorgegeben werden, z. B.:

Spiel – Spielanzug/Kreisspiel/Spielhalle/Spielkamerad/Spielplatz/Spieluhr oder

Fuß – Fußball/Fußbank/Fußboden/Fussel/Fußgänger/Fußmarsch/Fußpilz/Fußtritt.

Für jeden richtig geratenen Begriff gibt es einen Punkt. Welche Gruppe hat die meisten Punkte?

13 Rallye

... ist eine thematische Spielaktion, die aus mehreren Spielaufgaben besteht und sich unmittelbar mit der Lebensumwelt von Kindern auseinander setzt. In Kleingruppen muss der Weg erkundet werden, um in einem bestimmten Zeitrahmen unterschiedliche Fragestellungen, Schwierigkeiten oder Rätsel zu lösen. Eine Rallye sollte mindestens aus zehn Spielaufgaben bestehen, die vielfältige Methoden beinhalten und im Schwierigkeitsgrad das Alter und den Entwicklungsstand der Rallyeteilnehmer berücksichtigen. Bei einer Rallye geht es nicht um Schnelligkeit, sondern um die zum Teil kreative Bearbeitung der Spielaufgabe in einem Team.

→ **Spielförderung**

- Teamfähigkeit
- Kooperation
- räumliche Orientierung
- Umweltkenntnisse
- lebenspraktische Fähigkeiten und Fertigkeiten

- Beobachtungsfähigkeit
- Merkfähigkeit
- Selbstständigkeit
- Aktivität

→ **Spieleinsatz**

- Element eines Spielfestes
- Zeltlager
- drinnen: Erkunden von Institutionen, z. B. Schule, Bücherei, Museum, Freizeitheim etc.
- draußen: Erkunden von Wohnort, Ferienort, Stadtteil, Dorf, Tierpark, Landschaftpark, Naturgebiet etc.

→ **Spielmethode**

- evtl. Rallyeweg markieren, z. B. durch Sägemehlspuren, Kreidezeichen, gespannte Wollfäden, gefärbte Steine, Farbpunkte, in der Dunkelheit: Reflektoren
- Einstimmung in die Rallye durch die Spielleitung, z. B. durch ein Spiel, Lied, eine Erlebnisgeschichte
- gleich starke Gruppen durch spielerische Hilfsmittel bilden
- Spielaufgaben klar und verständlich erläutern
- Zeitrahmen festlegen

- Maßnahmen für besondere Situationen vereinbaren
- Spielende und Treffpunkt vereinbaren
- unmittelbar nach der Rallye Spielauswertung
- harmonischer Ausklang der Rallye, z. B. durch einen Laternen- oder Fackelzug, ein Lagerfeuer, Picknick, Essen, Vorlesen einer Geschichte etc.

Fotosafari im Viertel

Mitspieler:	12 = 3 Gruppen
Spielleiter:	1
Alter:	ab 8 Jahren
Ort:	im Wohnviertel, Stadtteil, Dorf, Ferienort
Spielzeit:	ca. 2 Stunden
Material:	27 Fotos von Details aus dem Stadtviertel, z. B. von Gebäuden, Straßen- oder Verkehrsschildern, Bäumen, Gärten, Briefkästen, Schaufenstern o.Ä., die Hinweise auf den jeweiligen Standort geben; 3 Stadt- bzw. Lagepläne, die jeweils in 9 Planquadrate aufgeteilt und mit einem Buchstaben versehen sind.

N	E	T
U	B	K
U	T	H

Lösungswort:
Bunte Kuh

Spielverlauf: Jede Gruppe (je 4 Teilnehmer) erhält 9 Fotos und einen Stadtplan, der in 9 Planquadrate eingeteilt ist, die jeweils einen Buchstaben enthalten (s. Skizze). Die Gruppen verlassen im zeitlichen Abstand von 10 Minuten den Ausgangspunkt. Die Rallyeteilnehmer haben nun die Aufgabe in der festgelegten Zeit die Abbildungen auf den Fotos mithilfe des Stadtplanes zu suchen. Die Buchstaben der Planquadrate müssen in eine Reihenfolge gebracht werden, sodass sie am Ende ein sinnvolles Wort ergeben. Als Hilfestellung ist an den zu suchenden, realen Gebäuden oder Gegenständen eine Zahl von 1–9 angebracht. Haben die Rallyeteilnehmer die entsprechende Abbildung identifiziert und das Gebäude oder den Gegenstand gefunden, können sie anhand der Zahl feststellen, an welcher Stelle der Buchstabe im Lösungswort steht.

Im Bücherdschungel

Mitspieler:	18 = 6 Gruppen
Spielleiter:	1
Alter:	ab 8 Jahren
Ort:	in der Kinderbücherei
Spielzeit:	ca. 60 Minuten
Material:	jede Gruppe (à 3 Teilnehmer) erhält einen Rallyebogen mit den Spielaufgaben, Bleistifte, Zeichenpapier, Malstifte

Spielverlauf: Diese Rallye verfolgt das Ziel, eine Bücherei mit ihren unterschiedlichen Buchgruppen und Medien kennen zu lernen, mit dem Ausleihsystem vertraut zu machen, aber auch den Zugang zur Literatur auf spielerische Weise zu vermitteln.

Aus den möglichen Spielaufgaben sollten 8–10 ausgewählt werden:
- Wann ist die Kinderbücherei geöffnet?
- Wie viele Bücher dürfen entliehen werden?
- Wie lange dürfen die Bücher entliehen werden?
- Was kostet es Bücher zu entleihen?
- Was könnt ihr in der Kinderbücherei außer Büchern noch entleihen?
- Nach welchen Merkmalen sind die Bücher sortiert, z. B.:
    - nach dem Alphabet?
    - nach dem Alter?
    - nach Jungen/Mädchen?
    - nach Sachgebieten?
- Welche Kinderbuchgruppen könnt ihr unterscheiden?
- Sucht zu 3 verschiedenen Kinderbuchgruppen jeweils ein Buch heraus. Schreibt den Autor und den Titel des Buches auf.
- Sucht ein Buch, das ein lustiges Titelbild hat. Malt jeder ein Bild davon.
- Sucht ein Tierbuch. Malt ein Bild von dem Tier, das euch besonders gefällt.
- Sucht ein Buch mit Rätseln oder Scherzfragen. Schreibt ein Rätsel oder eine Scherzfrage auf und stellt sie in der nächsten Gruppenstunde vor.
- Sucht ein Buch mit Spielen. Schreibt ein Spiel auf und stellt es in der nächsten Gruppenstunde vor.
- Entleiht ein Buch, das euch besonders gefällt. Bringt es zur nächsten Gruppenstunde mit.

Die Rallye kann mit dem Vorlesen einer Geschichte einen gemeinsamen Abschluss finden.

14 Schreib- und Malspiele

... sind eine unkomplizierte Methode um auf spannende und oft witzige Weise miteinander in Kontakt zu treten und zur Interaktion beizutragen. Sie unterstützen es, Kindern/Jugendlichen den Spaß am kreativen und fantasievollen Umgang mit der Sprache zu bewahren. Sie können zu fast jeder Gelegenheit als Solo-, Partner- oder Gruppenspiel durchgeführt werden. Verschiedene Spielarten sind möglich, z. B. Rätselfragen, Silben-, Kreuzworträtsel, einfache Wortketten schreiben, Wortkombinationen oder Begriffe malen, Mitteilungen vervollständigen, Satz-/Wortaussagen verdrehen, Werbesprüche erfinden.

→ **Spielförderung**

- Abbau von Schreibhemmungen
- Mitteilungsfähigkeit
- verbale/schriftliche Verständigung
- Integration/Toleranz
- Fantasie und Kreativität
- Konzentration
- Assoziations-/Kombinations-/Merkfähigkeit
- Wortschatzerweiterung/Rechtschreibhilfe

→ **Spieleinsatz**

- Freizeitgestaltung
- „Langeweilekiller"
- Gestaltung von Einstiegs-/Abschlussphasen

→ **Spielmethode**

- die Spielleitung/ein Spielteilnehmer gibt ein Beispiel vor
- alle Spielteilnehmer einbeziehen.
- die Teilnehmerbeiträge positiv beachten
- Kein Teilnehmer wird bloßgestellt.
- spontane Spielvariationen zulassen
- das Ende der Spielzeit rechtzeitig ankündigen

Abkürzungen

Mitspieler: *beliebig*
Alter: *ab 8 Jahren*
Ort: *beliebig*
Spielzeit: *beliebig*
Material: *Papier zum Schreiben, Schreibstift*

Spielverlauf: Die Mitspieler sammeln Abkürzungen und erfinden dazu eine neue Bedeutung, z. B.
ARD = attraktive, runzlige Dame
DM = dummer Misthaufen
PC = Pickel-Creme

Bilderwörter

Py
Pyra
Pyrami
Pyramide
S ★ nne

e
p
p
e
r
T

Mitspieler: 1–5
Alter: *ab 8 Jahren*
Ort: *beliebig*
Spielzeit: *beliebig*
Material: *Schreibmaschine, Computer oder Stift und Papier*

Spielverlauf: Die Spielteilnehmer einigen sich auf einen Begriff, der bildlich dargestellt wird (siehe nebenstehende Beispiele)
Variation: Satzaussagen verbildlichen

Spielzeugcomic

Mitspieler:	*beliebig*
Alter:	*ab 8 Jahren*
Ort:	*beliebig*
Spielzeit:	*beliebig*
Material:	*Spielzeugkatalog, Spielzeugprospekte, Schere, Klebstoff, Schreibzeug*

Spielverlauf: Die Teilnehmer überlegen sich den Titel einer Geschichte (z. B. auf dem Fußballplatz) oder eines Ereignisses und schneiden dazu aus Spielzeugkatalogen/Spielzeugprospekten passende Dinge aus. Diese Bilder werden in der richtigen Reihenfolge aufgeklebt und der geeignete Text wird in Sprechblasen geschrieben, z. B.: Der Ball rollt. Max schießt. Toooor!

Typen malen

Mitspieler:	*4*
Alter:	*ab 7 Jahren*
Ort:	*beliebig*
Spielzeit:	*ca. 10 Minuten*
Material:	*Papier zum Malen, Schreibstift*

Spielverlauf: Zunächst faltet jeder Mitspieler sein Blatt in 5 Spalten, dann bestimmen die Mitspieler gemeinsam, welcher Typ gemalt werden soll (Monster, Tänzerin o.Ä.). Jeder malt nun eine Kopfbedeckung in die erste Spalte, anschließend wird die Spalte umgeknickt und das Blatt an den rechten Nachbarn weitergereicht. In die zweite Spalte werden Kopf und Hals eingezeichnet. Dann folgen der Oberkörper, Unterkörper bis zum Knie und Beine mit Füßen. Wiederum wird das Blatt nach jedem Zeichenvorgang umgeknickt. Zuletzt faltet jeder sein Blatt auf und alle betrachten die Bilder.

Vornamen finden

Mitspieler:	*2–6*
Alter:	*ab 7 Jahren*
Ort:	*beliebig*
Spielzeit:	*ca. 10 Minuten*
Material:	*Papier zum Schreiben, Schreibstift*

Spielverlauf: Die Spieler einigen sich auf einen Vornamen, schreiben ihn auf und finden weitere Vornamen mit gleichen Anfangsbuchstaben.

M	A	R	I	O	N
Mia	Anna	Rita	Ina	Otto	Niko
Maria	Anton	Rolf	Ingo	Olga	...
Mona	Alex	...	...	...	...
...	...	...	...	...	...

Was machst du, wenn ...

Mitspieler: *ab 2*
Alter: *ab 7 Jahren*
Ort: *beliebig*
Spielzeit: *ca. 15 Minuten*
Material: *Papier zum Malen, Schreibstift*

Spielverlauf: Ein Mitspieler schreibt eine Frage auf und faltet die Zeile zu, der Nachbar schreibt die Antwort, ohne die Frage zu lesen, z. B.

> Was machst du, wenn dich ein Elch knutscht?
> Dann verschenke ich meinen Wellensittich!

Es empfiehlt sich eine beliebige Wiederholung verschiedener Fragen und Antworten.

Wörterzähler

Mitspieler: *ab 2*
Alter: *ab 7 Jahren*
Ort: *beliebig*
Spielzeit: *ca. 10 Minuten*
Material: *Papier zum Schreiben, Schreibstift*

Spielverlauf: Die Spieler einigen sich auf ein Doppelwort und finden Substantive, die in dem Begriff versteckt sind, z. B. Weintraube = Art, Eier, Narbe, Raub, Rebe, Wein usw. Zunächst sucht jeder alleine, dann werden die gefundenen Wörter verglichen und zusammengezählt.

Zauberbeine

Mitspieler: *ab 2*
Alter: *ab 4 Jahren*
Ort: *ruhiger Raum*
Spielzeit: *ca. 10 Minuten*
Material: *hellfarbiges Tonpapier, Malstifte, Schere, Klebstoff*

Spielverlauf: Zwei Streifen (16 x 8 cm)Tonpapier schneiden.
Auf den breiten Streifen wird der Kopf und Körper einer beliebigen
Figur (z. B. Tier, Fabelwesen, menschliche Figur) ohne Beine gezeichnet.
Auf den schmalen Streifen werden die Beine und Füße gemalt. Der breite Streifen wird um den schmalen Streifen gefaltet und kann geschoben werden. So
können die Beine länger werden.
Variation: Sind mehrere Mitspieler beteiligt, können die Zauberbeine ausgetauscht werden.

15 Schulhofspiele (zum H pfen, Laufen und Fangen)

... außerhalb der Unterrichtszeit sind für
viele Kinder unbekannt, da sie den
Schulhof nur während der Schulzeit in
den Pausen benutzen können. Immer
mehr Städte haben dagegen in den vergangenen Jahren auch in der schulfreien
Zeit die Schulhöfe der Öffentlichkeit zur
Verfügung gestellt und somit den Spielraum der Kinder erweitert. Lauf-, Fangund Hüpfspiele, die eine lange Tradition
haben, jedoch aus Spielraummangel
zum Teil in Vergessenheit geraten sind,
können hier besonders gut gespielt werden, da Schulhöfe verkehrssichere
Spielorte sind, die große Flächen zum
ungestörten Spiel bereitstellen.

→ **Spielförderung**
- Körperwahrnehmung
- sinnliche Wahrnehmung
- Bewegungsfreude
- Bewegungssteuerung

Rezept für Straßenkreide
Material: Pigment- oder Dispersions-
farbe, Gipspulver, Schüssel, Spachtel,
leere Filmdosen, Teppichmesser

Herstellung:
2 Filmdosen Gipspulver,   *in einer Schüssel*
1 Filmdose Wasser   *verrühren*
½ Filmdose Farbe
Den bunten Gipsbrei mit Hilfe des Spachtels in
eine Filmdose füllen und ca. 2 Stunden trocknen.
Anschließend die Filmdose mit einem Teppich-
messer aufschneiden und das fertige Kreidestück
herausholen.

– Gleichgewicht
– Koordinationsfähigkeit
– Reaktionsfähigkeit
– Gewandtheit/Geschicklichkeit
– Regelverständnis
– Freude am gemeinsamen Spiel

→ **Spieleinsatz**
– situativ
– in den Unterrichtspausen
– in der Freizeit
– als Element eines Schulfes-
tes

→ **Spielmethode**
– spielerische Hilfestellungen zur gleich starken Gruppenbildung und zum Spielstart geben
– Spielregel durch Vormachen oder gleichzeitiges Mitmachen verdeutlichen (durch Spielleitung oder Spielteilnehmer)
– situative Abwandlungen von Spielregeln, auch durch die Teilnehmer
– Freiwilligkeit einräumen
– Spiele je nach Situation beliebig wiederholbar

Brücken-Fangen

Mitspieler:	*beliebig*
Alter:	*ab 5 Jahren*
Ort:	*Schulhof/Spielstraße/großer Bewegungsraum*
Spielzeit:	*beliebig*
Material:	*–*

Spielverlauf: Alle laufen. Ein Spieler ist der Fänger. Hat er einen Mitspieler berührt, bleibt dieser stehen. Er kann nur dann erlöst werden, wenn ein anderer Mitspieler durch seine gegrätschten Beine hindurchkriecht.

Die Uhr schlägt (Hüpfspiel)

Mitspieler:	*ab 3*
Alter:	*ab 8 Jahren*
Ort:	*Schulhof/Spielstraße/großer Bewegungsraum*
Spielzeit:	*beliebig*
Material:	*Schwungseil*

Spielverlauf: Zwei Spieler drehen das Seil und rufen: „Die Uhr schlägt eins!" (oder „Das Gras wächst ein Meter!"). Der erste Spieler springt hinein, hüpft nur die entsprechend genannte Zahl und springt dann wieder hinaus. Bei einem Fehler wird abgewechselt.

Droppse-Hoppse (Hüpfspiel)*

Mitspieler:	*ab 4*
Alter:	*ab 8 Jahren*
Ort:	*Schulhof/Spielstraße/großer Bewegungsraum*
Spielzeit:	*beliebig*
Material:	*Schwungseil*

Spielverlauf: Das Schwungseil wird von 2 Spielern gedreht. Der erste Spieler springt hinein und spricht dabei die erste Verszeile. Der zweite folgt und spricht die zweite Verszeile. So sprechen sie den Vers im Dialog bis zum Ende, wobei dann die beiden Seildreher zu zählen beginnen. Wer von den Seil hüpfenden Spielern hoppst am längsten?

Rote Bonbons ess ich gern.	*Lakritze aber lieber.*
Gummibärchen mag ich gern.	*Immer, immer wieder.*
Lutsche Droppse.	*Hoppse, hoppse.*
Lutsch so lang	*Wie ich zählen kann.*
1, 2, 3, 4 ...	

Ebbe und Flut (Lauf- und Fangspiel)

Mitspieler:	*beliebig, gerade Teilnehmerzahl*
Alter:	*ab 8 Jahren*
Ort:	*Schulhof/Spielstraße/markiertes Spielfeld ca. 50 m lang*
Spielzeit:	*beliebig*
Material:	*ein Bierdeckel: auf einer Seite steht* Ebbe, *auf der anderen Seite* Flut

Spielverlauf: Alle Mitspieler bilden zwei gleich starke Gruppen: *Ebbe* und *Flut*, die Rücken an Rücken in zwei Reihen nebeneinander in der Mitte des Spielfeldes hocken. Der Spielleiter erläutert die Funktion des Bierdeckels, d. h. die oben liegende Scheibe mit der Aufschrift *Ebbe* oder *Flut* ist immer die Aufforderung zum Fangen. Der Spielleiter wirft den vorbereiteten Bierdeckel in die Luft, die oben liegende Scheibe zeigt z. B. *Ebbe,* woraufhin die Gruppe *Ebbe* fangen muss. Auf diese Weise bestimmt der Zufall, welche Gruppe Fänger bzw. Läufer ist. Die Gefangenen wechseln in die andere Gruppe, sodass es eine Weile dauern kann um festzustellen, ob *Ebbe* oder *Flut* gewonnen hat.

---

* Text: Wege/Wessel

Elch am Berge eins, zwei, drei (Laufspiel)

Mitspieler: *ab 3*
Alter: *ab 5 Jahren*
Ort: *Schulhof/Spielstraße/großer Bewegungsraum*
Spielzeit: *beliebig*
Material: *–*

Spielverlauf: Der Elch steht mit dem Rücken zu den anderen Mitspielern, die etwa 20 bis 30 Schritte entfernt in einer Reihe nebeneinander stehen. Während der Elch ruft: „Elch am Berge eins, zwei, drei!" setzen sich die übrigen Spielteilnehmer mit kleinen Schritten in Bewegung. Bei „drei" dreht sich der Elch plötzlich um. Wird ein Mitspieler in der Bewegung überrascht, muss er drei Schritte zurückgehen. Wer unbemerkt bis zum Elch vorgekommen ist, wird der neue Elch.

Fische im Netz (Lauf- und Fangspiel)

Mitspieler: *12 und mehr*
Alter: *ab 7 Jahren*
Ort: *Schulhof/Spielstraße/großer Bewegungsraum*
Spielzeit: *beliebig*
Material: *–*

Spielverlauf: Eine Hälfte der Spieler sind die Fischer mit ihrem Netz, die anderen Spieler sind die Fische. Die Fischer verabreden eine Zahl zwischen eins und zwölf und bilden einen Kreis ohne sich anzufassen. Die Fische laufen nun beliebig durch den Kreis oder zwischen den Fischern hin und her, während die Fischer beginnen zu zählen. Bei der verabredeten Zahl fassen sie sich an den Händen, um so das Netz blitzschnell zu schließen. Die Fische im Innenkreis sind gefangen. In der nächsten Spielrunde werden die Rollen getauscht.

Hallo Chef, hast Du 'nen Job? (Lauf- und Fangspiel)*

Mitspieler: *ab 3*
Alter: *ab 5 Jahren*
Ort: *Schulhof/Spielstraße/großer Bewegungsraum*
Spielzeit: *beliebig*
Material: *–*

Spielverlauf: Der Chef und die Arbeiter stehen sich an den entgegengesetzten Seiten des Spielfeldes gegenüber. Die Arbeiter verabreden gemeinsam eine Tätigkeit, die sie mit einer typischen pantomimischen Geste darstellen können. Daraufhin gehen sie nebeneinander in einer Reihe zu dem Chef und

---

*   Idee: Wege/Wessel

fragen: „Hallo Chef, hast du 'nen Job?" Der Chef antwortet: „Ihr habt nichts drauf!" Darauf die Arbeiter: „Und ob!" Der Chef fordert die Arbeiter auf: „Dann zeigt, was ihr könnt!", woraufhin die Arbeiter ihre verabredete Tätigkeit pantomimisch demonstrieren. Hat der Chef die Tätigkeit richtig erraten, läuft er los, um einen Arbeiter zu fangen, während alle Arbeiter versuchen die gegenüberliegende Seite des Spielfeldes wieder zu erreichen. Ist ein Arbeiter gefangen, kann er in der nächsten Spielrunde die Rolle des Chefs übernehmen oder gemeinsam mit dem Chef fangen.

Hasenjagd (Lauf- und Fangspiel)

Mitspieler:	*12 und mehr*
Alter:	*ab 8 Jahren*
Ort:	*Schulhof/Spielstraße/großer Bewegungsraum*
Spielzeit:	*beliebig*
Material:	*–*

Spielverlauf: Alle Mitspieler hocken in einer Reihe nebeneinander so auf dem Boden, dass sie immer abwechselnd in die entgegengesetzte Richtung schauen. Der Spieler am einen Ende der Reihe ist der Hase. Er kann rechts oder links herum laufen und darf die Richtung wechseln. Der Spieler am anderen Ende der Reihe ist ein Jäger. Er kann in beide Richtungen losrennen, muss aber die einmal eingeschlagene Richtung beibehalten. Der Jäger kann während des Laufens einen anderen Mitspieler antippen, der dann die Jagd übernimmt, während er sich in die frei gewordene Lücke hockt. Wurde der Hase erwischt, hockt er sich an ein Ende der Reihe. Der erfolgreiche Jäger übernimmt die Rolle des Hasen, während der Mitspieler am anderen Ende die Jagd fortsetzt.

Hinkelstein (Hüpfspiel)

Mitspieler:	*ab 2*
Alter:	*ab 6 Jahren*
Ort:	*Schulhof/Spielstraße*
Spielzeit:	*beliebig*
Material:	*Kreide (s. Rezept zur Herstellung von Straßenkreide S. 62), Hinkelstein*

Spielverlauf: Auf den Boden wird mit Kreide ein Spielfeld (siehe Spielfeldvarianten) aufgezeichnet. Der erste Spieler wirft seinen Hinkelstein (auch rückwärts über die Schulter ist möglich) in das erste Feld, hüpft auf einem Bein hinterher und versucht den Stein mit dem Fuß in das nächste Feld zu stoßen. Das Feld „Sonne" oder „Wasser" darf nicht betreten werden, da die Spieler dort *verbrennen* bzw. *ertrinken*. Steht die Zahl auf dem Spielfeld in einem Kreis, kann sich der

Spieler dort ausruhen. Landet der Hüpffuß oder der Hinkelstein auf dem Sonnen- oder Wasserfeld oder auf einem Kreidestrich, muss der Spieler aussetzen und der nächste ist an der Reihe. Dieser kann dann seine Geschicklichkeit unter Beweis stellen und die Zahlen in der richtigen Reihenfolge durchhüpfen. Unterläuft diesem Spieler ein Fehler, kann der vorige Spieler einen neuen Versuch starten und dort sein Spiel fortsetzen, wo er einen Fehler gemacht hatte.

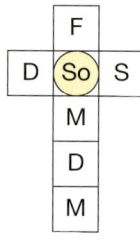

	Mond
	Sonne
	7
	6
	5
	4
	3
	2
	1
	Erde

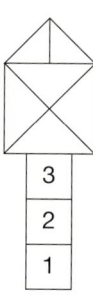

5	W	6
4	A	7
3	S S	8
2	E R	9
1		10

Wochenhüpfen   **Weltraumfahrt**   **Brief abschicken**   **Wassergraben**

Jumping Jack (Hüpfspiel)*

Mitspieler:	*ab 3*
Alter:	*ab 7 Jahren*
Ort:	*Schulhof/Spielstraße/großer Bewegungsraum*
Spielzeit:	*beliebig*
Material:	*Schwungseil*

Spielverlauf: Das Schwungseil wird von 2 Spielern gedreht, die dabei einen Vers im Rhythmus des Seildrehens aufsagen. Ein Spieler springt während der Versmelodie so lange wie möglich und führt die im Text geforderten Bewegungen aus. Macht er einen Fehler, ist der nächste Spieler an der Reihe.

Jumping Jack, Jumping Jack, dreh dich um	(einmal um sich selbst drehen)
Jumping Jack, Jumping Jack, klatsch bum, bum	(zweimal in die Hände klatschen)
Jumping Jack, Jumping Jack, heb den Schuh,	(auf einem Bein hüpfen)
Jumping Jack, Jumping Jack, wie alt bist du?	(dabei zählen)

---

*   Text: Wege/Wessel

Kaugummi-Fangen

Mitspieler: 12 und mehr
Alter: ab 7 Jahren
Ort: Schulhof/Spielstraße/großer Bewegungsraum
Spielzeit: beliebig
Material: –

Spielverlauf: Ein Spieler ist der Kaugummi, an dem alle kleben bleiben. Berührt der Kaugummi einen Mitspieler, müssen sie Hand in Hand versuchen die übrigen Mitspieler zu fangen. Der immer länger werdende Kaugummi kann mitunter auch reißen, sodass dann einzelne Kaugummiteile wieder erneut gefangen werden müssen. Die Spieler können aber immer nur an den Enden des Kaugummis kleben bleiben.

Lawinen-Fangen

Mitspieler: beliebig
Alter: ab 5 Jahren
Ort: Schulhof/Spielstraße/großer Bewegungsraum
Spielzeit: beliebig
Material: –

Spielverlauf: Alle laufen. Ein Spieler ist der Fänger. Hat er einen Mitspieler berührt, wird dieser ebenfalls zum Fänger, sodass die Gruppe der Fänger immer größer wird.

Tortenraten (Hüpfspiel)

Mitspieler: ab 2
Alter: ab 8 Jahren
Ort: Schulhof/Spielstraße
Spielzeit: beliebig
Material: Kreide (s. Rezept zur Herstellung von Kreide S. 62), Hinkelstein

Spielverlauf: Auf den Boden wird ein Spielfeld in Form einer Torte mit 8 Tortenstücken aufgezeichnet. In jedem Tortenstück steht ein Oberbegriff, z. B. Jungenname, Mädchenname, Tier, Essen, Automarke, Stadt, Land, Pflanze. Der erste Spieler sagt ohne zu sprechen das Alphabet auf. Ein anderer Spieler ruft: „Stopp!" und hört nun den gewählten Buchstaben, z. B. das **H**. Dieser Spieler wirft den Hinkelstein auf ein Tortenstück, stellt sich

darauf und hüpft auf einem Bein im Uhrzeigersinn von Tortenstück zu Tortenstück. Dabei nennt er jedesmal einen Begriff mit dem Buchstaben **H**, der zu dem Oberbegriff passt. Tritt er auf einen Kreidestrich oder fällt ihm nichts mehr ein, ist der nächste Spieler an der Reihe. Für jeden richtig genannten Begriff gibt es einen Kreidestrich. Wer die meisten Striche hat, ist Tortenkönig.

Wendeltreppe (Hüpfspiel)

Mitspieler:	*ab 2*
Alter:	*ab 6 Jahren*
Ort:	*Schulhof/Spielstraße*
Spielzeit:	*beliebig*
Material:	*Kreide (s. Rezept zur Herstellung von Kreide S. 62)*

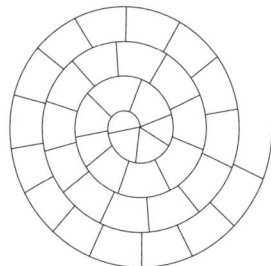

Spielverlauf: Auf dem Boden wird ein Spielfeld in Form einer Wendeltreppe mit vielen Stufen aufgezeichnet. Die Spieler hüpfen nacheinander auf einem Bein über die aufgezeichneten Stufen, ohne auf einen Kreidestrich zu treten. Wer ohne Fehler die Wendeltreppe hin und zurück passiert hat, darf den Umriss seines Schuhs in eine Stufe malen. Sieger ist, wer die meisten Fußspuren hinterlassen hat.

16 Sinnesspiele

... sind Wahrnehmungsspiele und Gedächtnisspiele *(Kimspiele*)*, bei denen man sich nach verabredeten Regeln Dinge merken und später benennen muss, die der Spielteilnehmer vorher gesehen, gehört, gerochen, geschmeckt, getastet oder/und gefühlt hat. Sinnesspiele können als Einzel-, Partner- oder Gruppenspiele mit allen Altersgruppen durchgeführt werden.

(* So benannt nach der gleichnamigen Romanfigur in: Rudyard Kipling (1865–1936): Kim, DTV, München 1999.)

→ **Spielförderung**
- sinnliche Wahrnehmung im taktilen, auditiven, visuellen, olfaktorischen Bereich
- Gedächtnis (Merkfähigkeit, Erinnerung) trainieren
- Sinneseindrücke/Empfindungen verbalisieren
- Begriffsbildung
- Körperanspannung/-entspannung
- Eigenwahrnehmung
- Umwelt entdecken
- Training/Sensibilisierung

→ **Spieleinsatz**
- Spielketten und Spielfeste
- Motivation zu verschiedenen Tätigkeiten
- Themeneinstieg
- Stille- und Konzentrationsübungen
- Kindergeburtstag/Partyspiele

→ **Spielmethode**
- unter Beachtung der persönlichen Befindlichkeit werden einem Spielteilnehmer die Augen verbunden oder die Gegenstände unter einem Tuch verborgen
- Gegenstände mit verschiedenen Formen, Geräuschen, Aromen, Geschmack usw. werden nacheinander durch Tasten, Riechen, Schmecken oder Hören erraten, benannt und zugeordnet
- Eindrücke und Ergebnisse auch schätzen oder raten lassen
- Wettkampfcharakter vermeiden und Kooperation anregen
- für Abwechslung der Sinneseindrücke sorgen

Duftbilder

Mitspieler: *beliebig*
Alter: *ab 5 Jahren*
Ort: *ruhiger Raum*
Spielzeit: *beliebig*
Material: *Wasserfarben, Pinsel, Malpapier, Riechdosen*

Spielverlauf: Duftdosen vorbereiten: In leere Fotofilmdosen wird mit unterschiedlichen Duftölen beträufelte Watte gelegt. Jedes Kind wählt eine Duftdose und malt mit Wasserfarbe seine Impressionen. Das getrocknete Bild kann mit der Duftwatte bestrichen werden.

Nachtgeräusche

Mitspieler:	*10*
Alter:	*ab 4 Jahren*
Ort:	*ruhiger Raum*
Spielzeit:	*beliebig*
Material:	*Kassettenrecorder, Kassette mit 10 Geräuschen, 10 Teelichter, Streichhölzer*

Spielverlauf: Die vorher gemeinsam aufgenommenen 10 Geräusche werden in einem abgedunkelten Raum mit brennenden Teelichtern gemeinsam angehört. Wird ein Geräusch richtig erkannt, darf ein Teelicht ausgepustet werden. Zum Abschluss erzeugt jeder sein eigenes Nachtgeräusch.

Schneeflocken

Mitspieler:	*1–6*
Alter:	*ab 2 Jahren*
Ort:	*ruhiger Raum, Tischfläche (o. Ä.)*
Spielzeit:	*beliebig*
Material:	*Watte*

Spielverlauf: Locker geformte Watteflocken werden über den Tisch gepustet, ohne dass eine Flocke herunterfällt.
Variationen: Markierungen auf den Tisch malen; Watteflocken farblich markieren und pustend sortieren.

Sinnesparcour

Mitspieler:	*beliebig*
Alter:	*beliebig*
Ort:	*beliebig*
Spielzeit:	*beliebig*
Material:	*leere Obstkisten, Plastikfolie, Material zum Begehen*

Spielverlauf: In einer gemeinsamen Aktion werden leere Obstkisten mit fester Plastikfolie (z. B. aufgeschnittene Müllsäcke) ausgeschlagen und beispielsweise mit Sand, Laub, Kieselsteinen, Stroh, Heu, Eicheln u. a. m. gefüllt. Die gefüllten Kisten werden hintereinander gestellt. Die Mitspieler gehen mit nackten Füßen durch den Parcour.
Variationen: Mit geschlossenen Augen gehen/führen lassen; auf allen „Vieren" gehen; rückwärts gehen

Tuttifrutti

Mitspieler: *beliebig*
Alter: *ab 3 Jahren*
Ort: *beliebig*
Spielzeit: *beliebig*
Material: *verschiedene, in Stücke geschnittene Obstsorten*

Spielverlauf: Auf einem Teller sind die Obststücke angerichtet. Die Mitspieler benennen die Obstsorten. Anschließend nimmt ein Mitspieler mit geschlossenen Augen ein Obststück, probiert es und nennt den Namen der Obstsorte. Der nächste Mitspieler ist an der Reihe. Die restlichen Obststücke werden auf einen Holzspieß gesteckt. Die Obstspieße eignen sich für ein Obstfondue.
Variation: Gemüsesorten erraten und als Abschluss gemeinsam eine Gemüsesuppe kochen.

Kochlöffelfühler

Mitspieler: *mindestens 3*
Alter: *ab 6 Jahren*
Ort: *ruhiger Raum*
Spielzeit: *ca. 10 Minuten*
Material: *2 Holzkochlöffel, Augenmaske*

Spielverlauf: Einem Mitspieler werden die Augen verbunden. In jede Hand bekommt er einen Holzkochlöffel, womit er seinen Gegenüber abtastet und errät. Rollenwechsel.

17 Spielfeste

... sind besondere Spielaktivitäten, die ohne äußere Veranlassung oder zu bestimmten Anlässen stattfinden können. Spielfeste besitzen einen hohen Unterhaltungswert und bereiten Vergnügen, wenn sie den Mitspielenden sowie der Raumsituation angepasst sind. Die einzelnen Spiele verfügen über einen Spaßfaktor, besitzen einen hohen Aufforderungscharak-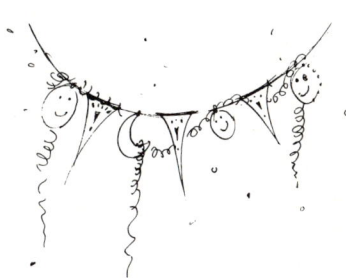
ter und können durch ein bestimmtes Thema miteinander verbunden sein. Spielfeste erfordern: mehrere Spielleiter und Spielhelfer mit hoher Flexibilität, erhebliche Vorbereitungen, einen großen Spielraum, einen ausreichenden Zeitrahmen.

→ **Spielförderung**

- Gemeinschaftserlebnis
- Kontakt und Kommunikation
- Vorstellungsvermögen

- Körpergeschicklichkeit
- ganzheitliche Spielerfahrung
- Spaß und Entspannung

→ **Spieleinsatz**

- Geburtstage oder andere persönliche Anlässe
- Ereignisse im Jahreskreislauf
- Jahreszeitenfest

- Einweihungsfest
- Straßen-/Nachbarschaftsfest
- Themenfest

→ **Spielmethode**

- Programmgestaltung, Einladungen, Dekoration, Beleuchtung/Beschallung
- Essen und Trinken
- Begrüßungsspiel zur Einstimmung (Simultanspiel/Großgruppenspiel)
- angemessene Bewegungs-, Material-, Darstellungsspiele
- Abwechslung zwischen Solo-, Partner-, Gruppenspielen
- zum Abschluss ist ein Großgruppenspiel geeignet
- Reflexion, Auswertung, Konsequenzen

Auf dem Medienrummelplatz (Stationenspiel)

Mitspieler: 20–40
Alter: ab 6 Jahren
Ort: Halle oder mehrere Räume oder eine Spielfläche draußen
Spielzeit: ca. 2 Stunden
Spielleitung: pro Spielstation wird ein Helfer benötigt

Spielstation	Spielverlauf	Material
Begrüßung	Begrüßung und Einführung durch die Spielleitung (Sie trägt den Alu verpackten Karton auf dem Kopf): Liebe Festgäste, herzlich willkommen auf dem Medienrummelplatz. Leider ist ein Missgeschick passiert, wie ihr seht, hat mich der Fernsehvirus erwischt. Wenn ihr mir im Verlauf dieses Festes gestattet euch zu filmen und meine Fragen beantwortet, helft ihr mir, den Virus zu besiegen. Ihr könnt die einzelnen Spielstationen nun in beliebiger Reihenfolge und beliebig oft aufsuchen. Meine Assistenten helfen euch gerne weiter ... Im Cybercafe könnt ihr euch erholen, essen und trinken, Gutscheine gibt es an der Cybercafekasse zu kaufen. Von dem Erlös kaufen wir eine neue Videokamera oder ...	Karton mit zwei offenen Seiten wird mit Alufolie o.Ä. verkleidet und mit einer Antenne bestückt; Videokamera

Gästekette *Gestaltungs-spiel*	Zu Beginn stellt sich jeder Festgast eine Gästekette her und trägt diese während des Aufenthaltes. Die rote Seite bedeutet: Ich möchte Zuschauer sein! Die grüne Seite bedeutet: Ich möchte mitmachen!	Weiße (Ø 10 cm) Pappscheiben, rote und grüne Farbstifte, Kordel, Schere
Cybercafe	Das *Cybercafe* ist passend dekoriert, Speisen und Getränke sind als Büfett angerichtet und mit Preisschildern (DM/Euro) versehen.	Geeignete Getränke und Speisen, Becher, Teller, Tische, Stühle u. a.m.

Big Brother
Gestaltungs-spiel

Fotoapparat

1. Falten Sie die Ecken der beiden Seiten je zur Mitte.

2. Falten Sie die Seiten entlang der langen Mittelachse, sodass die Ecken nach innen zeigen.

Pro *Fotoapparat* werden vier DIN-A4-Seiten benötigt (ausreichende Menge an Papier bereithalten, reizvoll ist farbiges Papier)

4. Falten Sie zur kurzen Mittellinie hin.

3. Schieben Sie die Seiten ineinander, sodass sie abwechselnd übereinander liegen.

5. Wiederholen Sie die Schritte 1–3 mit 2 neuen Papierseiten. Schieben Sie anschließend die Papiere ineinander und fertig ist der Fotoapparat.

Spielstation	Spielverlauf	Material
Karaoke *Schattenspiel* *Rollenspiel*	Auf einer *Bühne* (z. B. hinter einem gespannten Tuch mit einer Lichtquelle) singen und spielen ein oder mehrere Teilnehmer zu den Kinderliedern/Songs der Kassette. Die Zuschauer spenden viel Applaus.	Kleidungsstücke zur Kostümierung; Schminkutensilien, Pappröhre als Mikrofon etc., Kassettenrecorder. Kassetten mit Kinderliedern/Songs
Moorhühner *Bewegungs-spiel*	Alle Mitspieler bilden einen Kreis, abzählen zu 1, 2. Alle Einser sind *Jäger,* alle Zweier sind *Moorhühner.* Diese sammeln sich außerhalb des Kreises und durchqueren in Trippelschritten den Kreis. Die Jäger versuchen mit einem Softball die Moorhühner abzuwerfen, dabei dürfen sie ihren Platz nicht verlassen. Getroffene Moorhühner setzen sich auf den Boden, die anderen versammeln sich außerhalb des Kreises. Ein neues Spiel mit Rollentausch kann beginnen.	Softball
Gruselfilm *Gestaltungs-spiel*	*Ratschkino: Wie ein Kind ein Fernseher wird* 	Kopieren Sie die Bilderfolge, und schneiden Sie die Bilder einzeln aus. Nummeriert aufeinander legen und die Bilder durch die Finger laufen lassen.

Muster aus: Grasser u. a.: Fernsehfibel, Beltz Verlag, Weinheim 1973.

		Jeweils 3 Geräu- schekassetten, Kopfhörer, Kas- settenrecorder/ Kopfhöreran- schluss; gold- farbiges Schleifenband
Ohrwürmer *Geräuschekim*	Eine Geräuschekassette kann über Kopfhörer abge- hört werden. Für richtig erratene Geräusche gibt es einen goldenen Ohrwurm.	
Tagesshow *Sketch*	Die Mitspieler wählen ein Kopfbild und stellen sich eine Maske her. In dieser Rolle führen sie anschlie- ßend, auch unter Einbeziehung der Zuschauer, kleine Sketche oder pantomimische Ratespiele vor.	Kopfbilder be- kannter Fern- seh/Filmstars als Kopien in ausreichender Anzahl/Aus- wahl, Kor- delgummi, Lo- cher, Schere, ggf. Farbstifte
Verabschie- dung	Spielleitung moderiert den Abschluss des Medien- rummels: *Liebe Festgäste, leider ist nun die Zeit um. Wie ihr seht, wurde ich vom Medienvirus befreit und nun könnt ihr euch im Fernsehen bewundern.*	Fernseher, Vide- ogerät, Video- film vom Fest- verlauf

18 Spielketten

... sind eine zielgerichtete Aufeinanderfolge verschiedener, angeleiteter Spielformen, die durch ein bestimmtes
Leitmotiv (Geschichte/Erzählung) miteinander verbunden sind. Spielketten sind dem Alter und der Gruppen-
struktur angepasst, haben einen hohen Aufforderungs-
charakter und lassen den Teilnehmern ausreichenden
Freiraum für Fantasie, Eigeninitiative und kooperative
Weiterentwicklung. Sie erfordern einen großen Spielraum und Zeitrahmen, geringe Materialvorbereitung
sowie eine hohe Flexibilität der Spieler und Spielleiter.

→ **Spielförderung**
– Gemeinschaftserlebnis
– Kooperation
– Vorstellungsvermögen
– Körpergeschicklichkeit
– ganzheitliche Spielerfahrung

Luftballonmaske
Material: 1 Luftballon, 1/8 l angerührter Kleis-
ter, orange-farbenes Transparentpapier, Schere/
Messer.
Herstellung: Den Luftballon aufblasen und
abbinden. Transparentpapier in Stücke reißen
und mit Kleister in mehreren Lagen auf den Bal-
lon bringen, dabei das untere Viertel des Ballons
frei lassen. Nach dem Trocknen (etwa 24 Std.)
den Ballon aus der Transparenthülle entfernen
und Öffnungen für die Augen/den Mund aus-
schneiden.

→ **Spieleinsatz**
– Bewegungsstunde
– Entspannung
– Integration
– Themeneinstieg/-bearbeitung
– Wochenabschluss

→ **Spielmethode**
– Beginn der Rahmengeschichte erzählen
– Begrüßungs-/Kontaktspiele zur Einstimmung (Simultanspiele)
– abwechselnd ruhige/lebhafte Partner-/
Gruppenspiele in die Geschichte ein-
binden
– Gestaltungs-, Großgruppen- oder Darstellungsspiele unterstreichen den
Wendepunkt in der Geschichte und bilden den Spannungshöhepunkt
– den Abschluss bilden entspannende Simultanspiele

Die Geschichte vom Gespenst im Schloss Kürbisstein und dem Drachen Feuerzacke

Mitspieler:	*ab 15*
Alter:	*ab 6 Jahren*
Spielleitung:	*2*
Ort:	*drinnen oder draußen*
Spielzeit:	*ca. 60 Minuten*
Material:	*Musikkassetten mit Tanzmusik, Kassettenrecorder, Seil, Tep-pichfliesen, Softbälle, ausgehöhlte Kürbismaske oder kürbisfar-bene Luftballon-, Papiermaske (s. Kap. „Maske" in SpielKreativ), eine gespannte Decke in einer Raumecke als Vorhang, Teelicht*

Spielverlauf:

Spiele	Spielgeschichte
Spielleitung = Bürgermeister Spielhelfer = Technik	Bürgermeister (BM): *Herzlich Willkommen, ihr lieben Leute vom Kürbisstein. Wir haben uns heute hier versammelt, weil wir den ersten Jah-restag der Befreiung vom Drachen Feuerzacke feiern wol-*
Tanzmusik Tänzer bilden eine Schlange:	*len.*
– Hände auf die Schultern der vorderen Person legen;	*Wie ihr wisst, wohnte er in dem Wassergraben von Schloss Kürbisstein und dem kleinen Schlossgespenst ist es damals gelungen, den Feuer speienden Drachen zu*

<table>
<tr><td>

– Arme in die Luft heben, mit den Händen wackeln, Heulgeräusche
– Augen zuhalten und sich auf der Stelle drehen

</td><td>

vertreiben. Beginnen wir das Fest also mit dem Gespensterfreudentanz.

</td></tr>
</table>

– Arme in die Luft heben, mit den Händen wackeln, Heulgeräusche
– Augen zuhalten und sich auf der Stelle drehen

vertreiben. Beginnen wir das Fest also mit dem Gespensterfreudentanz.

BM:
Halt! Stoppt den Tanz, beendet das Fest! Etwas fürchterliches geschieht! Seht ihr die Rauchwolke dort hinten am Schloss Kürbisstein? Der Drache Feuerzacke kehrt zurück. Was sollen wir tun? (Reaktionen abwarten).

Andere Vorschläge ggf. aufgreifen

Wir müssen uns schützen! Wie?
„Zuerst einmal Kürbissaft trinken und Kürbiskerne knabbern."

Einen Arm oder beide Arme nach vorn strecken.

„Mit dem Feuerwehrschlauch spritzen"

Alleine oder paarweise starr stehen bleiben

„Versteinern"

Alle haken sich unter und stehen in einer Reihe dicht zusammen.

„Eine Brandmauer bilden"

BM:
Vielleicht können wir den Drachen Feuerzacke verjagen, wenn wir ihn erschrecken, probieren wir es:
1–2 – 3 Krch,
noch einmal, jetzt kräftiger
1–2 – 3 Krch!

Seid ihr mutig? (Reaktionen abwarten)

Das Gesicht verziehen
Muskeln zeigen

Könnt ihr gefährlich gucken?
Seid ihr stark?

Vorsprechen – im Chor nachsprechen

Wir haben keine Angst!
Wir sind stark!
Wir sind ganz viele!

Rasch im Kreis gehen

Lasst uns zum Schloss gehen.
Wir stampfen kräftig!

Im Chor sprechen

Wir haben keine Angst!
Wir sind stark!
Wir sind ganz viele!

Nach jedem Teilstück des Weges und nach überwundener Gefahr brechen alle in lauten Jubel aus.

Zuerst liegt das Kürbisfeld vor uns, die Pflanzen sind noch ganz klein, wir dürfen sie nicht zertreten und müssen ganz vorsichtig auf Zehenspitzen um sie herum gehen.

Auf dem Seil gehen.

Wir müssen nun über den schmalen Trampelpfad durch die Zauberwiese gehen, bleibt ganz eng hintereinander, damit keiner in dem langen Gras zurückbleibt.

Spiele	Spielgeschichte
	Nun müssen wir durch den dichten Zauberwald schleichen, wer jemanden berührt, klebt sofort an der Stelle fest zusammen, ihr müsst dann zusammen weiterschleichen.
Von einer Teppichfliese zur anderen hüpfen	*Jetzt müssen wir noch den schlammigen Sumpf durchqueren, wenn wir nicht auf die Steine treten, versinken wir im Schlamm.*
Zwei Kinder fassen sich bei den Händen, ein drittes Kind setzt sich auf die Hände und wird ein Stück getragen, Rollenwechsel.	*Wo kommt denn plötzlich der reißende Bach her? Egal, wir müssen nun Brücken bauen, damit alle auf die andere Uferseite kommen.*
	BM: *So, dass wäre nun auch geschafft, wir sind am Schloss Kürbisstein angekommen. Aber wo ist Feuerzacke geblieben?*
Gestik für „Lauschen" und „Schnuppern"	*Hört ihr ihn? Riecht ihr ihn? Wo hat sich Feuerzacke versteckt? (Reaktionen abwarten)*
Zur Musik in Form einer Polonaise gehen.	*Wir bilden eine lange Kette und marschieren zum Schlosseingang.*
Musik leiser stellen und feststellen:	*Abgeschlossen, hier kommt er nicht rein! Aber wir auch nicht! Sollen wir umkehren? (Nein!)*
Polonaise, im Chor sprechen	*Haben wir Angst? Nein, wir haben keine Angst! Wir sind stark! Wir sind ganz viele!*
Polonaise, im Chor sprechen	*Marschieren wir zum Schlossturm! Nein, wir haben keine Angst! Wir sind stark! Wir sind ganz viele!*
Musikstopp	BM: *Wir sind da! Habt ihr das Zischen gehört? Ob Feuerzacke hier in der Nähe ist? (Reaktionen abwarten)* Schauen wir im Turm nach.
BM macht die typischen Bewegungen vor, alle ahmen diese nach:	*Tür auf, (Quietsch) wir gehen die schmale Wendeltreppe hinauf.* *Wir gehen den langen Gang entlang, der hat viele runde Fenster.*

Arme über dem Kopf zusammenführen	
Mit flachen Händen über Kopf und Ohren streichen, hochspringen.	*Fledermäuse fliegen über unsere Köpfe, wusch,* *Fledermäuse fliegen an unseren Ohren vorbei, wusch.* *Achtung, tief fliegende Fledermäuse.*
Chorsprechen	*Haben wir Angst?* *Nein, wir haben keine Angst!* *Wir sind stark!* *Wir sind ganz viele!*
BM schaut zögernd hinter den Vorhang.	*Psst, habt ihr auch heulendes Kichern gehört? Was ist hinter dieser Tür?* *Huch, Feuerzzz ...???*
Bewegungen wie oben, nur schneller	*Lauft zurück durch den Gang!* *Fledermäuse von unten,* *Fledermäuse von rechts und links,* *Fledermäuse von oben,* *vorbei an den Fenstern,* *die Wendeltreppe hinunter,* *halt, ein Stockwerk zu tief,* *wieder hoch.* *Zum Tor – abgeschlossen!* *Was ist passiert? Wir müssen nachdenken (Reaktionen abwarten).*
Pantomimisch darstellen	*Wir müssen nochmal zurück und richtig nachsehen!*
Chorsprechen	*Haben wir Angst?* *Nein, wir haben keine Angst!* *Wir sind stark!* *Wir sind ganz viele!*
Brennendes Teelicht neben der Maske	*Spürt ihr es, die Fledermäuse sind weg.* *Schauen wir hinter die Tür.* *Das ist ja gar nicht Feuerzacke.* *Das sind die Sachen vom kleinen Schlossgespenst, damit hat es damals den Drachen vertrieben.* *Wo es nur steckt?*
Tanz wie am Anfang	Wir tanzen einfach zum Abschluss den Gespenstertanz. Vielleicht tanzt es mit uns.

Ende der Spielkette

SpielKreativ

1   Becherkasper

Material: *1 Joghurtbecher, 1 Holz-löffel, Woll- oder Fellreste für die Haare, Stoffreste für das Kleid, 1 Pfei-fenputzer für die Arme, Holzperlen für die Hände, lösungsfreier Klebstoff, Schere, ungiftige Farbe*

Herstellung: In den Boden des Joghurtbechers ein Loch schneiden, sodass der Holzlöffel gut bewegt werden kann. Der Löffel bekommt an seiner Rundseite ein Gesicht und eine Frisur oder eine Kopfbede-ckung. Den Stoff für das Kleid dop-pelt legen und ausschneiden. An der Bruchkante eine Rundung für den Hals schneiden. Der Pfeifenputzer wird um den Stiel des Löffels gewickelt, sodass zwei Enden als Arme übrig bleiben, auf die jeweils eine Perle als Hand geklebt wird. Das Kleid wird angezogen und mit einem Band unter den Armen gehal-ten. Den Stab von oben in den Joghurtbecher schieben und nach Belieben auf und ab bewegen.

Becherkasper

→ ein sensomotorisches Spielzeug, das nach den Regeln des Kuck-Kuck-Spiels gespielt wird. Die regelhafte Wiederholung des Spiels, das Ver-schwinden und Wiedererscheinen des Tütenkas-pers macht erst die Erwartung, Erregungssteige-rung und Spannungslösung möglich (*Aktivierungszirkel*)

→ ein partnerzentriertes als auch gegenstandzentriertes Spiel, da es in Ver-bindung mit Sprache die Interaktion und Kommunikation fördert, als auch die Funktion und den Effekt des Spielzeugs vermittelt

O Jammer, o Schreck,
der Kasper ist weg!
Trari, trara,
der Kasper ist wieder da!

2   Drachen

Material: *1 hölzerne Vierkantleiste (10 x 10 mm, 1,30 m lang), kleine Säge oder Messer, 1 hölzerne Flachleiste (4 x 12 mm, 1,05 m lang), Metermaß, Bleistift, Klebe-stift, 1 Spannschnur (etwa 1 mm stark, 3,50 m lang), Drachenpapier (120 x 150 cm), Schere, ein kleiner Metallring (etwa Ø 15 mm), 1 Steigleine mit Spindel, 1 Pa-ketschnur (etwa 4,50 m), 25 Blätter buntes Drachenpapier (etwa 25 x 25 cm), Locher*

Herstellung: Für das Holzkreuz: mit der kleinen Säge 1 cm von den Enden der langen Leiste entfernt eine Rille in das Holz sägen, bei der flachen Leiste zwei tiefe, seitliche Kerben.

1.

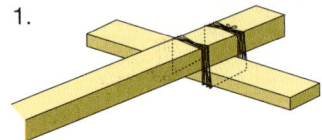

Skizze 1: 40 cm von einem Ende der langen Leiste mit Bleistift markieren, an der flachen Querleiste genau die Mitte markieren (bei 52,5 cm). Quer- und Längsleiste überkreuz legen, sodass die Markierungen aufeinander liegen und sich vier rechte Winkel ergeben. An dem Kreuzungspunkt die beiden Leisten mit etwas Spannschnur zusammenbinden (zusätzlich kleben).

2.

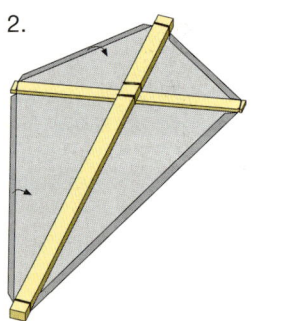

Skizze 2: Die Spannschnur rund um das Gestell ziehen, dabei den Bindfaden einige Male an den Einkerbungen umwickeln und mit einem Knoten festbinden (nicht verziehen). Das Holzgerüst so auf die linke Seite des Papiers legen, dass die kurze Querleiste unten liegt. Das Papier 4 cm über die Bespannung hinaus abschneiden. Diesen Klebesaum mit dem Klebestift bestreichen, umklappen und um die Schnur festkleben.

3.

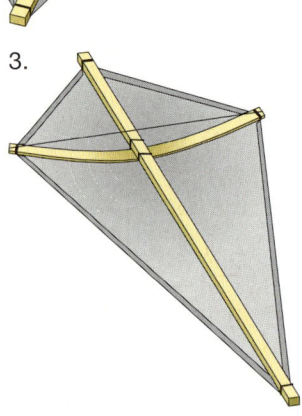

Skizze 3: Wenn alles trocken ist, eine Spannschnur auf der Hinterseite, an den Enden der Querleiste befestigen. So straff spannen, dass der Faden nur noch 90 cm lang ist und die Leiste sich wölbt. Auf der Vorderseite, an den beiden Enden der Längsleiste eine etwa 210 cm lange Schnur befestigen, an die später die Steigleine gebunden wird.

Skizze 4: Ca. 85 cm vom oberen Ende des Drachens entfernt die Schnur zu einer kleinen Schlaufe legen und durch einen Metallring ziehen. Hieran die Steigleine anbinden.

4.

Hinweis: Beim Drachensteigen darauf achten, dass nur offene Gelände geeignet sind, frei von Bäumen, Telegrafenmasten, Stromleitungen und Fernsehantennen. Vorsicht beim Bergen von Drachen auf Überlandleitungen. Auch die herunterhängende Schnur nicht berühren.

Drachen

Schon vor Beginn der Geschichtsschreibung schwebten Drachen in den orientalischen Lüften. Durch ihre besondere Gestalt und Gestaltung erinnern Drachen an Legenden oder Fantasiegeschichten, die noch heute in vielen fernöstlichen Ländern Symbole für die Beeinflussbarkeit des menschlichen Schicksals sind.

Bei uns ist das Drachensteigen in den letzten Jahren zu einer beliebten Freizeitbeschäftigung geworden, die Dank ausgefeilter Techniken und hochwertiger Materialien zu Kunstformen als auch Höchstleistungen geführt haben (Lenkdrachen/Drachenfliegen).

Mein Drachen
Wenn der frische Herbstwind weht,
geh ich auf die Felder,
schicke meinen Drachen hoch,
über alle Wälder.

Und er wackelt mit dem Ohr,
wackelt mit dem Schwänzchen
und er tanzt den Wolken vor,
hei, ein lustig' Tänzchen.
(Albert Sixtus)

3   Fotomemory

Material: *ca. 15 verschiedene Fotos (gleiches Grundmotiv: Kind spielt mit einem Spielzeug), Textmarker, entsprechende Anzahl gleich großer Blankokarten, Malstifte, selbst klebende Klarsichtfolie*

Herstellung: Das Spielzeug auf jedem Foto wird mit dem Textmarker eingefärbt und anschließend auf eine Blankokarte übertragen und ausgemalt. Alle Kartenpaare werden zum Schluss mit selbst klebender Klarsichtfolie bezogen (höhere Haltbarkeit).

Variation: Das Spielzeug wird separat fotografiert.

Memory

Die Fans von 50 Millionen seit 1959 verkauften Spielen können nicht irren: Menschlich ist, zum x-ten Mal wie im Wahn dieselbe Zitronenkarte aufzudecken, obwohl man doch die zweite Banane (auch gelb)/Orange (auch rund)/Gurke (auch sauer) sucht.

Der heute 83jährige Schweizer William Hurter variierte alte Karten- (19. Jahrhundert) und noch ältere Muschelspiele (16. Jh.) zu Memory. Die ersten tausend Bildrätsel verkaufte der Ravensburger-Verlag sensationell gleich bei der Premiere auf der Nürnberger Spielwarenmesse vor 40 Jahren für 9,80 DM.

Heute gibt es eine Memory-Gesellschaft mit Clubzeitschrift, die Titelkämpfe bis zur Europameisterschaft, allein 13 Versionen bei Ravensburger

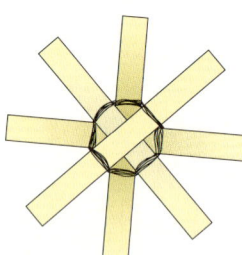

Das Orginal: Seit 1959 blamieren sich Erwachsene.

("Die-Sendung-mit-der-Maus-Memory"), ein Hör-Memory, nicht nur für Sehgeschädigte, und mindestens 100 Plagiate.

Den Weltrekord halten – wer erinnert sich nicht? – seit 1989 vier Mathe-Studenten, mit einem zehn Quadratmeter großen 1200-Teile-Geduldsspiel. Nur der Duden verweigert noch hartnäckig die Aufnahme des Klassikers. Kinder sind beim Memory die kleinen Könige: gegen diese Kurzzeitgedächtnis-Künstler handelt man als Erwachsener meist mit Zitronen.

Gerd Heidecke

Memory

... wurde in seiner heutigen Form 1959 von dem Schweizer William Hurter entwickelt. Memory ist ein Kartenzuordnungsspiel und kann als Solo-, Partner-, Gruppenspiel durchgeführt werden. Geduld, Konzentration und das Gedächtnis werden trainiert. Die Spielidee: Auf Pappquadrate sind Bildpaare gedruckt, wer aus einer beliebigen Zahl von verdeckt liegenden Bildpaaren je 2 Karten umdreht und die meisten Paare findet, hat gewonnen. Jeder Mitspieler ist einmal am Zug, es sei denn, er stößt auf einen Bilderzwilling. *Fotomemory* mit Abbildungen der aktuellen Spielgruppensituation gewährleistet hohe Spielfreude.

IKZ, Iserlohn Mai 1999

4 Frisbeestern*

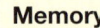

Material: 2 Bogen Zeitungspapier, Paket-, Klebeband

Herstellung: Die Zeitungspapierbögen teilen und von der schmalen Seite her ca. 3 cm breite Streifen falten. Anschließend werden die 2 Streifen kreuzförmig mit dem Klebeband fixiert und zusammengelegt. Beide Kreuze werden mit dem Paketband verflochten. Wenn der Frisbeestern einen Lackanstrich erhält, erhöht sich seine Festigkeit.

---

* Hoffmann-Piper, K.: *Basteln zum Nulltarif*, rororo, Hamburg 1992.

Frisbee

... ist eine suppentellerähnliche Plastikscheibe, die, aus dem Handgelenk heraus, mit einer Schleuderbewegung zielgerichtet geworfen und gefangen wird. Frisbee kann am Strand, auf Wiesen und Stoppelfeldern als Solospiel, Partnerspiel aber auch als Mannschaftsspiel durchgeführt werden. Dabei stehen sich die Spielpartner gegenüber und schleudern die Scheibe hin und her. Spielregeln können je nach Spielbedürfnis und Spielgeschicklichkeit festgelegt werden, wobei gemeinsame Absprachen soziale Kommunikation fördern. Ähnlich wie bei Ballspielen können bei Frisbeespielen Bewegungsbedürfnisse abreagiert werden. Häufige Wiederholungen festigen die Spielerfolge und vermitteln Selbstvertrauen.

5 Hampelbär

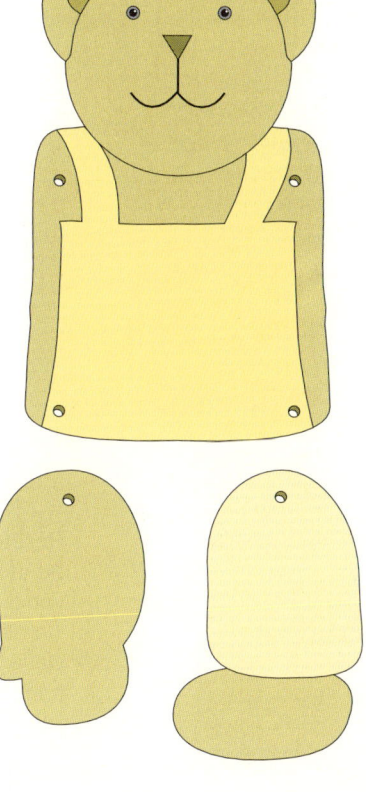

Material: *feste Pappe oder Fotokarton, Schere, Plakafarben, Paketband, 4 Musterklammern, evtl. eine Perle oder ein Glöckchen*

Herstellung: Die drei Musterteile auf Karton übertragen und ausschneiden. Arme und Beine 2-mal ausschneiden. Arme und Beine mit Musterklammern am Körper befestigen. In den Kopf ein kleines Loch schneiden und einen Faden zum Aufhängen durchziehen. Auf der Rückseite des Hampelbären die Schnurverbindung herstellen (siehe Skizze). Am Zugfaden eine Perle anbringen und am Arm evtl. ein Glöckchen befestigen, das klingelt, wenn der Hampelbär hampelt.

Hampelmann

→ Bei Neugeborenen optischer Reiz.
  Im Abstand von 20–30 cm am Bett aufhängen, damit das Kind lernt den Spielgegenstand zu fixieren.

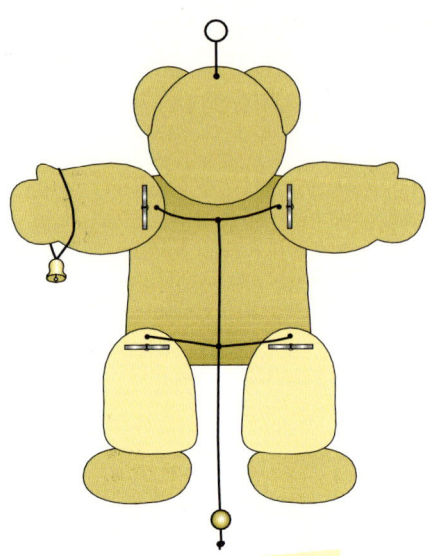

→ Im Greifalter ein sensomotorisches Spielzeug zur Förderung der Augen-Hand-Koordination.

→ In Verbindung mit einem gesprochenen Vers ein Spielmittel zur Kommunikation.

→ Im Spiel mit dem Hampelmann stellt das Kind erste Zusammenhänge her: Durch das Ziehen an dem Faden führt es selbstständig eine Bewegungsveränderung herbei (*Aktivierungszirkel*), die lustvoll erlebt wird.

→ Selbst initiierte erfolgreiche Spielwiederholungen motivieren zu neuen Spielhandlungen, vermitteln Spielfreude und Selbstvertrauen.

Ich bin der kleine Hampelbär
mir fällt das Hampeln gar nicht schwer,
mal links, hm, hm,
mal rechts, hm, hm,
mal auf, hm, hm,
mal ab, hm, hm,
und auch mal klipp, klipp, klapp.

6 Klingelball

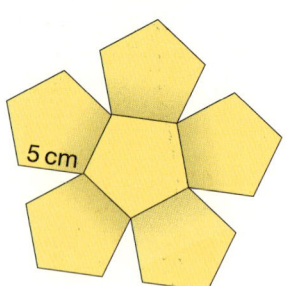

5 cm

Material: *Frottee- oder Baumwollstoff, Zauberwatte zum Füllen, eine Metallglocke*

Herstellung: Aus Pappe wird zunächst eine Schablone eines Fünfecks mit der Seitenlänge von 5 cm angefertigt und mithilfe dieses Musters werden 12 gleiche Teile aus Stoff zugeschnitten. Danach nimmt man eines der Teile und näht rundherum an jeder Kante jeweils ein weiteres Teil an, sodass ein sternförmiges Gebilde entsteht. Diese Sternform wird noch einmal angefertigt. Beide Teile können dann so zusammengenäht werden, dass noch eine Seite offen bleibt, um den Ball füllen zu können. In die Mitte kommt nun die Metallglocke. Der Ball sollte mit der Zauberwatte fest gestopft werden, damit er eine schöne Rundung erhält.

Stoffball
– sensomotorisches Spielzeug zur Förderung der taktilen, visuellen und auditiven Wahrnehmung
– im Krabbelstadium als kommunikatives Spielmittel einsetzbar, das gerollt, geworfen, versteckt und gesucht werden kann.

Rolle, rolle, rolle den kunterbunten Ball. Hin und her, kreuz und quer. Das Rollen ist nicht schwer.

7 Maske

Material: *Fotokarton, Bleistift, Schere, Cutter, Heftzange, Locher, Klebstoff, Gummiband, Gestaltungsmaterialien: Wolle, Bast, Luftschlangen, Federn etc.*

Herstellung: Aus Fotokarton wird ein ovaler Kreis (Ø ca. 25 cm) ausgeschnitten, mit Augen-, Mund- und Nasenlöchern versehen und an mehreren Stellen eingeschnitten (s. Skizze). Die eingeschnittenen Stellen werden übereinander geklebt, sodass eine räumliche Form entsteht, die dann mit unterschiedlichen Materialien gestaltet werden kann.

Masken
... haben zu allen Zeiten der Kulturgeschichte dem Menschen die Möglichkeit geboten, ein anderer zu sein und seine Identität zu verändern. Die Maske beschwor Götter und Dämonen und stellte Kontakte zwischen Lebenden und Toten her. Erst im antiken Griechenland verlor die Maske ihre dämonische Wirkung und gewann ihre Bedeutung im  Theaterspiel, die sich viel später in der Renaissance fortsetzte. In der Commedia dell'Arte und in den Narrenspielen wurden außergewöhnlich burleske Maskentypen geschaffen, die den Spielern erlaubten ihre wahren Gefühle und Wünsche zu äußern und zu zeigen.
Im Brauchtum hat die Maske ihre Bedeutung bis heute nicht verloren.

In seiner Spielfunktion gehört die Maske zum Bereich des Figurentheaters, da mit der Herstellung einer Maske eine künstliche Figur geschaffen wird. Die Maske verdeckt den Spieler, er kann nicht persönlich identifiziert werden. Er hat sozusagen sein *Gesicht verloren* und ist gezwungen durch Körperbewegungen und Gestik der Gestalt Leben zu geben.

In der sozialpädagogischen Arbeit kann das Maskenspiel besonders spiel- und sprachgehemmten Kindern helfen, sich mit besonderen Rollen zu identifizieren und durch den Schutz der Maske die Anonymität und eigene Isolation zu durchbrechen.

Während des Herstellungsprozesses können Ideen, Vorstellungen und Materialien kreativ eingesetzt werden. Selbst hergestellte Masken schaffen einen erhöhten Spielanreiz. Bei der Entwicklung von Spielszenen findet darüber hinaus ein sozialer Austausch statt.

Maskenball der Tiere

„Mich dünkt, wir geben einen Maskenball",
sprach die Nachtigall.
„Was werden wir essen?"
sprachen die Wespen.
„Nudeln!"
sprachen die Pudeln.
„Was werden wir trinken?"
sprachen die Finken.
„Bier!"
sprach der Stier.
„Nein, Wein!"
sprach das Schwein.
„Wo werden wir tanzen?"
sprachen die Wanzen.
„Im Haus!"
sprach die Maus.
„So, so!"
sprach der Floh.
aus: Lemmermann, H.: Der kleine Globus, Fidula

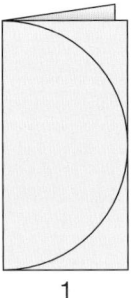

1

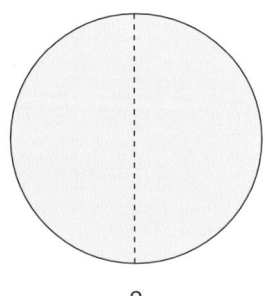

2

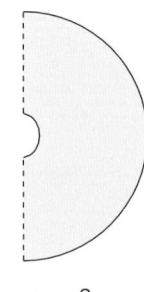

3

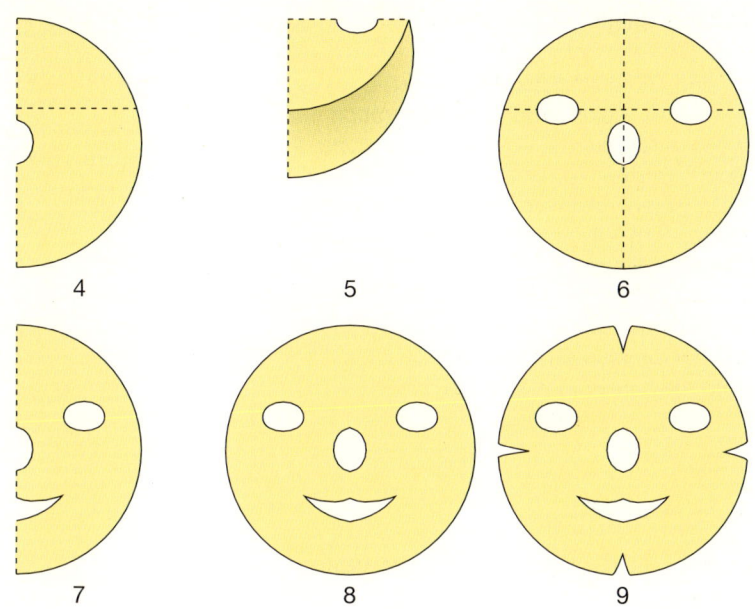

4   5   6

7   8   9

8   Murmelbahn*

Material: *1 Schuh-/Stiefelkarton, Klebstoff, buntes Klebeband/Klebefolie (erhöht
auch die Stabilität), Schere, Prickelnadel mit
Filzunterlage, Murmeln*

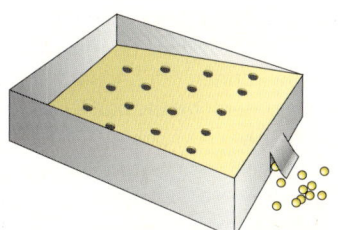

Herstellung: In eine Seite des Kartons
wird eine Türklappe geschnitten, damit
später die Murmeln herausgenommen wer-
den können. In den Deckel werden in Abständen mehrere Löcher geschnitten
oder geprickelt, die etwas größer als die Murmeln sind. Der Deckel wird nun
schräg in den Karton geklebt (Berg/Tal). Abschließend kann die Murmelbahn
mit Klebeband/Klebefolie verziert werden (erhöhte Stabilität).
Mit der *Murmelbahn* können jüngere wie ältere Kinder spielen: Jüngere versuchen die Murmeln in die Löcher zu stecken, die Älteren rollen eine oder mehrere Murmeln „*vom Berg ins Tal*".

---

*   Austermann/Wohlleben: *Die pfiffige Murmelbahn*, Kösel, München 1993/2.

Murmelspiele

... sind Geschicklichkeitsspiele. Sie fördern Ausdauer, Feinmotorik, Konzentration und wecken Neugierde, erzeugen Spannung. Als Solo-, Partner- oder Gruppenspiele werden der Spielablauf sowie die Spielregeln von den Mitspielern gemeinsam festgelegt. Häufige Wiederholungen erhöhen die Spielspannung, führen zum sicheren Spielerfolg und gleichen Enttäuschungen aus. Die Murmelbahn bezieht ihren Spielreiz aus dem Prinzip der schiefen Ebene, auf der die Murmel immer herabrollt und den Spieler veranlasst, den Spielvorgang immer wieder in Gang zu setzen.

Murmelschreck

Oh Schreck, oh Schreck,
jetzt ist die Murmel weg.
Hurra, hurra, da ist sie wieder da.
Sie rollt und rollt und rollt und rollt.
Doch,
oh Schreck, ...

9 Riesenmikado

Material: *20 beiderseits abgerundete Rundholzstäbe Ø 0,5 cm, Länge 80 cm oder gerade Stöcke (z. B. von Haselnuss/Holunder), Schmirgelpapier, rote, gelbe, blaue und grüne Lackfarbe, Pinsel oder rote, gelbe, blaue, grüne und weiße Wolle, Schere*

Herstellung: Um der Verletzungsgefahr vorzubeugen werden die Rundholzstäbe an den Enden mit Schmirgelpapier abgerundet. Bei der Verwendung von Stöcken wird überstehende Rinde entfernt oder glatt geschmirgelt. Die Stäbe können mit Lackfarbe angemalt oder mit Wolle umwickelt werden, um ihren unterschiedlichen Wert zu kennzeichnen, z. B.:

10 Stäbe	– gelb	– je 3 Punkte,
4 Stäbe	– rot	– je 5 Punkte,
3 Stäbe	– blau	– je 10 Punkte,
2 Stäbe	– grün	– je 15 Punkte
1 Stab	– rot/weiß	– 20 Punkte (Mikado-Stab).

Spielverlauf: Das Riesenmikado kann in einem großen Raum oder draußen gespielt werden. Es sollten nicht mehr als 10 Spieler teilnehmen. Der erste Spieler steht in der Mitte einer Freifläche, hält das Bündel Stäbe mit beiden Händen und lässt es los, sodass die Stäbe zu einem zufälligen Haufen auseinander fallen. Mit den Händen holt er dann einen Stab nach dem anderen heraus, ohne dass sich ein anderer bewegt. Bewegt sich ein anderer Stab, ist der nächste Spieler an der Reihe. Wer den *Mikado* erobert, darf ihn zum herausfischen weiterer Stäbe benutzen.

Mikado
... ist in Japan die Bezeichnung für den Kaiser. Das Mikado-Spiel stammt jedoch aus China und wurde dort in unterschiedlichen Formen aus Elfenbein geschnitzt. Auch heute ist das Mikado-Spiel noch ein beliebtes Gesellschaftsspiel, das Geduld und feinmotorisches Geschick verlangt, um die Teile aus dem willkürlich entstandenen Ganzen zu entfernen. Spiele, bei denen einzelne Teile geschickt zu einem möglichst großen Ganzen zusammengefügt werden, so genannte *Stapelspiele,* gehören ebenfalls zu der Kategorie der Mikadospiele.

10 Schlangenjojo

Material: *6 Holzstücke (7 cm x 5 cm x 0,7 cm)*
Je 45 cm rote, blaue und weiße Baumwolltresse (1,3 cm breit), Säge, Schmirgelpapier, Farbe, Pinsel, Schere, Klebstoff, Industriehefter

Herstellung: Es werden 6 Holzstücke in den angegebenen Maßen gesägt und an den Kanten glatt geschmirgelt. Ein Holzstück wird für den Schwanz etwas spitz zugesägt, während das Kopfstück auf der einen Seite eine Wölbung erhält. Die Holzstücke können nach Belieben mit einem bunten Schlangenmuster versehen werden. Nach dem Trocknen der Farbe verbindet das Baumwollband die einzelnen Holzstücke zu einer beweglichen Schlange. Dazu wird das Band in 9 cm lange Stücke geschnitten und mit einem Industriehefter nach der angegebenen Zeichnung an den Holzstücken angetackert.

Vorderseite

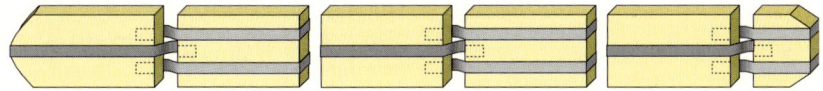

Rückseite

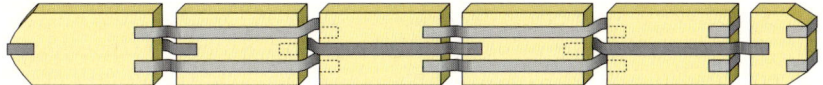

Das Jojo

... gehört zu den Spielmitteln, die nach dem Konstanzprinzip gespielt werden, wobei der Spieler eine Bewegung auslöst, die fortwährend beibehalten wird. Bei dem Schlangenjojo handelt es sich allerdings nicht um das kleine Gerät, das an einer kurzen Schnur auf- und abläuft, sondern um ein mexikanisches Spielzeug, das einfach herzustellen und faszinierend in seiner Wirkung ist. Der Spieler hält die Schlange an ihrem Kopf fest. Durch eine veränderte Handhaltung löst er die Bewegung aus, worauf die Schlange sich zusammenkrümmt und wieder streckt. Die Bewegung kann auf diese Weise konstant beibehalten werden.

11 Stabpuppe

Material: *Pappkugel bzw. Pappei* Ø 14 cm, Rundholzstab l = 70 cm, Ø 1 cm, Styroporhalbkugel Ø 7 cm oder größer, Cutter, Segmente kleinerer Pappkugeln, Pappreste, Packpapier, Kleister, Heißklebepistole und Patronen, weiße Wandfarbe, Wollreste, Schere, Dispersionsfarben, Pinsel, Stoffe oder abgelegte Hemden*

Herstellung: Im Durchmesser des Rundholzstabes mit dem Cutter ein Loch in die Pappkugel schneiden und den Stab mit der Heißklebepistole im Inneren der Kugel und am Lochrand einkleben. Augen, Nase, Augenbrauen, Kinn und Ohren nach dem Prinzip der Addition mit der Heißklebepistole auf der Pappkugel anbringen. Dabei auf die Veränderungen eines Gesichts durch verschiedene Formen und Flächenaufteilung achten, wodurch eine charakteristische Typisierung erfolgt. Möglichst einfache, klare, plastische Grundformen wählen, z. B.

Anschließend mit klein gerissenen Papierstücken und angerührtem Kleister kaschieren. Den Kopf mit weißer Wandfarbe grundieren und mit Dispersionsfarben bemalen. Aus Wolle, Bast, Fell etc. können zusätzlich Haare oder Bärte

---

* Bezugsadresse: Gerstäcker Verlag, Postfach 1165, 53783 Eitorf, Tel: 02243–88992

angebracht werden. Um den Kopf mit dem Körper zu verbinden, wird die Styroporhalbkugel als Halswulst auf den Rundholzstab gesteckt (zusätzlich festkleben). Als Spielkleid sollte einfarbiger oder kleingemusterter Stoff verwandt werden, ebenso sind aber auch große Hemden, Blusen, T-Shirts geeignet, dazu farbige Handschuhe für die Hände.

Das Puppenspiel

... stammt aus Indien, wo Priester den Gläubigen Gottesmärchen vorführten. Im Tross römischer Legionen brachten vermutlich Gaukler das Puppenspiel nach Europa, insbesondere nach Deutschland. Leitfigur jedes Puppenspiels war dabei immer ein Spaßmacher, dessen Name von der Lieblingsspeise der Nation abgeleitet wurde, z. B. *Jack Pudding* (England), *Signor Makkaroni* (Italien), *Pekelhaaring* (Holland), *Hans Wurst* (Deutschland). Der Name Kasper war im Mittelalter noch nicht bekannt. Die italienische Komödie des 16. Jahrhunderts (Commedia dell'Arte) beeinflusste das mittel- und westeuropäische Puppenspiel sehr stark. Diese Spiele waren als derbe Volksbelustigung mit grobem, unflätigem Humor zu sehen, die für Kinder vollkommen ungeeignet waren und letztlich zum Spielverbot führten. Erst die Jahrhundertwende (19. Jhd.) brachte in Deutschland unter dem Einfluss von Schauspielern, Lehrern und Künstlern eine grundlegende Erneuerung des Puppenspiels: Die Figur des Kaspers wurde zum Verfechter des Guten, der Hilfsbereitschaft und der sozialen Gerechtigkeit.

Kasperletheater (überliefert)

Ich bin der Kasper!
Hallo, meine Damen und Herren,
habt ihr alle den Kasper gern?
Da hol ich mir den Seppel gleich,
wir machen oft manch lust'gen Streich.
Wir schlagen uns und vertragen uns.
Da kommt die Hexe Huckebein,
sagt: „Jetzt sollst du verzaubert sein!"
Nein, Hexe, nein, da wird nichts draus,
schnell ab mit dir ins Hexenhaus!
Da kommt ein großes Krokodil
mit seinem Maul, das frisst ganz viel.
Das hat sich leicht ins Gras geduckt
Und hat den Kasper halb verschluckt!
Der ruckt und zuckt, und, ei der Daus,
er zappelt wirklich wieder raus!
Jetzt geht es schlecht dem Krokodil,
es rennt so schnell es kann zum Nil.
Erleichtert bleibt der Kasper stehn,
um dann zur Gretel heimzugehn.
Kommt alle mit zur Gretel heim,
lasst uns gemeinsam lustig sein!
Tritratrullala ...
(auch als Fingerspiel möglich)
Aus Pousset, R.: Fingerspiele und andere Kinkerlitzchen, Rowohlt, Reinbek 1983.

Für das Kind im Kindergarten- und Schulalter ist das Puppenspiel eine vielseitige Rollenspielform, in der es Gefühle, Wünsche, Fantasien erleben, aber auch selbst zum Ausdruck bringen kann. Durch die eigene Gestaltung einer Puppe findet gleichzeitig ein Identifikationsprozess statt, der die Spielfreude erhöht. Die Stockpuppe bietet im Gegensatz zur herkömmlichen Handspielpuppe vor allem jüngeren Kindern mehr Bewegungsfreiraum, da der ganze Körper beim Spielen miteinbezogen wird.

12 Würfelspiel

Material: *6 Porträt-Fotokopien, Tonkarton, Klebstoff, Schere, Lineal, evtl. Farbstifte, Tonkarton für Farbpunktewürfel*

Herstellung: Porträts 6 bekannter Fernsehfiguren auf eine gemeinsame Größe (DIN A4) fotokopieren. (Die Porträts können auch ausgemalt werden.) Jede Kopie auf Tonkarton kleben.

Spielverlauf: Alle Streifen mit den Farbpunkten nach oben legen. Je Spielrunde wird 6 mal gewürfelt. Beim ersten Würfeln wird der Streifen mit der gewürfelten Farbe und einem einzigen Punkt beiseite gelegt. Danach der Streifen mit der gewürfelten Farbe und 2 Punkten darauf usw., bis man 6 Streifen mit 1–6 Punkten in den gewürfelten Farben erhält. Jetzt kann das neu entstandene Porträt zusammengesetzt werden.

Würfelspiele

... sind Zufalls- oder Glücksspiele und als Partner- oder Gruppenspiel bei allen Völkern und in jeder Gesellschaftsform anzutreffen. Bei Würfelspielen entscheidet der Zufall über Erfolg oder Misserfolg, wobei jeder Mitspieler gleiche Gewinnchancen hat. Das Spielergebnis ist weder planbar noch vorhersehbar. Der Spielablauf erfolgt an beliebigen Spielorten nach festgelegten, von allen akzeptierten Spielregeln.

Masken würfeln ist dagegen ein kooperatives Zuordnungsspiel ohne Konkurrenzprinzip mit witzigem Spielausgang.

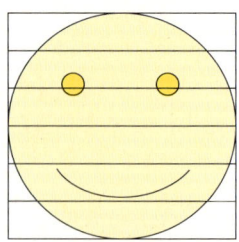

Jedes Porträt in 6 gleich große Abschnitte unterteilen. Diese Unterteilung auch auf der Rückseite kenntlich machen.

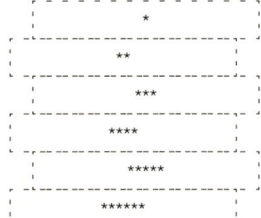

Die Porträts auf die Rückseite drehen. Für jedes Porträt eine andere Farbe wählen und die 6 Unterteilungen von oben nach unten mit 1–6 Punkten in dieser Farbe kennzeichnen.

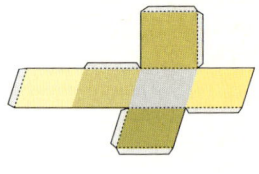

Einen Würfel wie abgebildet herstellen. Jede Seite des Würfels mit einer anderen Farbe markieren. Die 6 Farben auf dem Würfel müssen den 6 Farben der Porträts entsprechen.

13 Zaubertüte

Material: *1 DIN-A-4-Bogen Falt- oder Schreibmaschinenpapier (auch farbig)*

Herstellung: Das Papier wird entsprechend des Musters gefaltet. Nach Fertigstellung kann die Zaubertüte verziert werden.

Der Zaubertrick: Ein Pfennigstück wird in die eine Öffnung der Tüte gelegt. Während der Zauberspruch aufgesagt wird, werden große kreisförmige Bewegungen durchgeführt, dabei wird unbemerkt die Tüte umgedreht und die Öffnung auf der anderen Seite der Tüte geöffnet, worin sich kein Pfennigstück befindet. Jetzt kann der Zauberspruch wiederholt werden, wobei wiederum die Tüte umgedreht wird, sodass nun das Pfennigstück wieder zum Vorschein kommt.

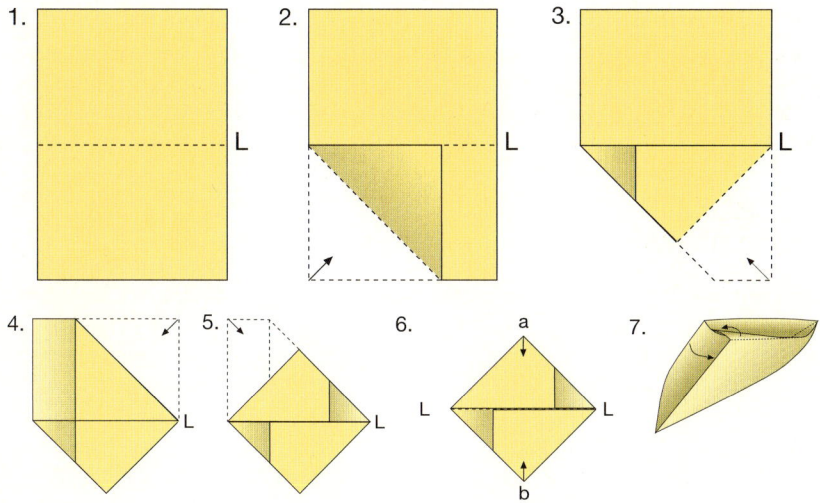

Zaubern

... ist eine magische Handlung, die alle Menschen in ihren Bann zieht. Die Schnelligkeit und Ausstrahlung des Zauberers bringt die Zuschauer zum Staunen.

Die Zaubertüte ist ein selbst hergestelltes Funktionsspiel mit einem überraschenden Spielausgang. Es erfordert feinmotorische Geschicklichkeit, Ausdauer und Konzentration bei der Herstellung der Zaubertüte sowie beim Einüben des Zaubers. Wenn das Zauberstück gelingt und effektvoll vorgeführt wird, steigen Selbstbewusstsein und Selbstwertgefühl.